Taller de ganchillo

20 proyectos inspiradores para aprender a tejer

BLUME   fotografía de Yuki Sugiura   Erika Knight

BLUME

Título original:
Crochet Workshop

Dirección editorial:
Jane O'Shea

Dirección de arte:
Helen Lewis

Edición del proyecto:
Lisa Pendreigh

Diseño:
Claire Peters

Ilustraciones:
Nicola Davidson
Joy Fitzsimmons
Paul Griffin

Fotografía:
Yuki Sugiura

Estilismo:
Charis White

Verificadora de patrones e ilustradora:
Sally Harding

Modelos:
Chinh Hoang, Kim Lightbody y Panda

Traducción:
Eva María Cantenys Félez

Revisión técnica de la edición en lengua española:
Isabel Jordana Barón
Profesora y Jefa del Departamento de Moda,
Escola de la Dona (Barcelona)

Coordinación de la edición en lengua española:
Cristina Rodríguez Fischer

Primera edición en lengua española 2013
Reimpresión 2013, 2014

© 2013 Naturart, S.A. Editado por BLUME
Av. Mare de Déu de Lorda, 20 08034 Barcelona
Tel. 93 205 40 00 Fax 93 205 14 41
E-mail: info@blume.net
© 2012 Quadrille Publishing Ltd., Londres
© 2012 de las fotografías Yuri Sugiura
© 2012 del texto y los proyectos Erika Knight

ISBN: 978-84-15317-09-8

Impreso en China

WWW.BLUME.NET

Este libro se ha impreso sobre papel manufacturado con materia
prima procedente de bosques de gestión responsable. En la
producción de nuestros libros procuramos, con el máximo empeño,
cumplir con los requisitos medioambientales que promueven la
conservación y el uso responsable de los bosques, en especial de
los bosques primarios. Asimismo, en nuestra preocupación por
el planeta, intentamos emplear al máximo materiales reciclados,
y solicitamos a nuestros proveedores que usen materiales de
manufactura cuya fabricación esté libre de cloro elemental (ECF)
o de metales pesados, entre otros.

Es la simplicidad del ganchillo la que me inspira. Con solo una aguja, un poco de hilo y unos cuantos puntos básicos tejidos en hileras se pueden crear texturas infinitas. Es un arte sencillo que cualquiera puede dominar y, además, se puede practicar en cualquier parte.

Me encanta el arte del ganchillo por su diversidad; desde el extraordinariamente fino filet calado y el intrincado encaje que antaño imitaba el ganchillo tradicional hasta los descomunales motivos contemporáneos hechos con hilos extragruesos. Con el transcurso de los años, lo he coleccionado todo: piezas afganas a la antigua, ribetes de época, accesorios de cocina kitsch y los motivos de ganchillo renovados que en la actualidad marcan tendencia en las pasarelas de moda, lo que ha impulsado el resurgimiento de este fabuloso arte.

Los proyectos de *Taller de ganchillo* son en gran medida mi interpretación del arte del ganchillo. Este libro no pretende ser una especie de exhaustiva «wikipedia» sobre los pormenores del ganchillo. Por el contrario, es una sencilla introducción al mismo, cuyo propósito es ayudarle a dominar las técnicas básicas, a elegir los hilos y a escoger las gamas de colores. He reducido el arte del ganchillo a lo más básico, según mi criterio, con el propósito de proporcionarle los medios para iniciarse en él. Creo en dominar solo los métodos de trabajo que son fáciles, efectivos y dan la apariencia idónea que necesito para un diseño específico. *Taller de ganchillo* es el ganchillo a mi estilo.

Para mí, este arte se basa tanto en el proceso como en el proyecto mismo. En la sección de Materiales y técnicas, al principio de este libro, expongo la información técnica para los métodos y puntos de ganchillo clásicos, aunque saber cómo funciona una determinada técnica no sirve de nada por sí sola y solo tiene sentido cuando se pone en práctica. Esta es la razón de ser de la sección Talleres de proyectos. De hecho, siempre y cuando domine las sencillas técnicas de creación de una cadeneta base, que sepa hacer los puntos básicos y que haya captado el concepto de las cadenetas de giro, podrá hacer sin problema las primeras piezas de ganchillo que aparecen en esta sección. Hay veinte proyectos en total, entre ellos accesorios básicos y artículos del hogar intemporales, desde un económico paño de cocina, apropiado para el principiante en la práctica del ganchillo, hasta los proyectos más desafiantes de un fular tejido con hilo extrafino y de una colorista manta de motivos inspirada en los tejidos de retales.

Cada uno de los proyectos ofrece la oportunidad de practicar y perfeccionar una técnica específica, o dos, gracias a la lección magistral que lo acompaña. Puede elegir entre realizar los proyectos de forma secuencial, perfeccionando sus habilidades con cada lección magistral, o hacerlos a su aire; en cualquier caso, pronto se manejará con total soltura tejiendo los puntos básicos, creando formas con volumen mediante sencillos aumentos y menguados, creando texturas con relieve con puntos hinchados, puntos borla y puntos bodoque, y agregando colores diferentes.

A lo largo de *Taller de ganchillo*, todos los proyectos reflejan mi preferencia personal por un estilo sin pretensiones; las formas simples, generalmente sin adornos superfluos, en las que la textura y el tono de cada hilo –fibras naturales y colores de matices apagados– son parte integral de mis diseños. Sin embargo, soy muy minuciosa con la composición de la pieza final: es esencial tomarse el tiempo suficiente para acabar el proyecto. Pero esto no tiene porqué ser difícil. Incluyo prácticos consejos sobre los tres mejores métodos para unir con costuras piezas de ganchillo.

Además de perfeccionar las habilidades técnicas explicadas en la sección de Materiales y técnicas y practicadas en la sección Talleres de proyectos, espero que disfrute de la variedad de texturas y motivos que se pueden crear con ganchillo. En la Galería de puntos he incluido dieciséis de mis puntos y motivos favoritos. Espero que le incentive a experimentar con diferentes texturas de puntos y con colores para crear su propio estilo.

Me encanta todo el proceso de creación y construcción de una pieza de ganchillo. *Taller de ganchillo* es mi interpretación personal del arte del ganchillo. Espero que comparta mi amor por este pasatiempo y que, en estas páginas, encuentre la inspiración para hacer ganchillo.

Niveles de habilidad

Todos los proyectos de este libro son extremadamente sencillos: este es mi estilo. Sin embargo, a cada uno de ellos se le ha asignado un nivel de habilidad según el sistema de clasificación del Consejo de Hilado Artesanal de Estados Unidos, con el fin de que sepa qué técnicas domina a medida que aprende ganchillo.

PRINCIPIANTE

1 Proyectos para principiantes Para los que se inician en el ganchillo. En estos proyectos se utilizan puntos básicos y formas de mínimo volumen.

FÁCIL

2 Proyectos básicos Proyectos en los que se utilizan puntos básicos, patrones repetitivos de puntos, sencillos cambios de colores, formas fáciles con volumen y acabados asequibles.

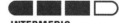

INTERMEDIO

3 Proyectos intermedios Proyectos en los que se utilizan una gran variedad de técnicas, como motivos de encaje y básicos de colores, así como formas con volumen y acabados de nivel intermedio.

EXPERIMENTADO/EXPERTO

4 Proyectos avanzados Proyectos con intrincados patrones de puntos, técnicas y dimensiones, como patrones no repetitivos, técnicas multicolor, hilos finos, agujas pequeñas, formas con volumen detalladas y acabados refinados.

materiales
y técnicas

Elección de los hilos y los colores

El hilo siempre ha sido una parte integral de mi trabajo, sea como consultora de la industria de la moda o trabajando en el ámbito artesanal de la calceta y el ganchillo. Cuando concibo un proyecto, el material es siempre mi punto de partida, ya que el hilo –o, de hecho, la fibra– marca el rumbo que tomará el proyecto en cuestión.

Con hilos que van desde el fino como un suspiro al increíblemente grueso, me encantan los extremos que permite el arte del ganchillo. Cualquiera que sea el hilo que elija, debe ser «idóneo para el propósito» o «perfecto para el proyecto», puesto que determina el color, el patrón de puntos y la textura de la pieza final, y por lo tanto, configura el carácter del proyecto. En un proceso riguroso y exhaustivo, hago una muestra de cada hilo para analizar con precisión su rendimiento y su apariencia. Esto no es solo una de las partes cruciales del diseño, sino que además, al menos para mí, también es una de las más placenteras. A menudo es una tarea laboriosa, ya que puedo pasarme horas jugando con las texturas de las fibras, tratando de captar la esencia de los hilos en un boceto de diseño en papel con mi lápiz HB.

El tiempo invertido en esta fase temprana del diseño se ve siempre recompensado, puesto que la calidad del hilo es inherente a todo lo que hago. Esto es de importancia primordial al crear piezas muy sencillas: la manejabilidad del hilo en la aguja de ganchillo, la fluidez o la firmeza del tejido resultante, la caída o el drapeado del tejido, todos estos factores deben tenerse en cuenta en su conjunto para que un proyecto sea verdaderamente exitoso. Para muchos creadores, la elección del hilo es una parte del proceso que pasan por alto, ya que se apresuran a tener el proyecto acabado, o bien confían la elección del hilo a lo indicado en las instrucciones preceptivas del patrón.

Desde el cordel hasta la cachemira, me encantan el desempeño y el rendimiento de las fibras naturales. Me inclino a utilizar estas por sus características: mantienen caliente en invierno y fresco en verano, y absorben la humedad de la piel. Además, son suaves y confortables, y poseen ese toque de distinción que da llevar prendas hechas solo con lo mejor de la naturaleza.

Para los proyectos de este libro, he elegido una gama de hilos por sus texturas únicas. He escogido, fundamentalmente, fibras de origen animal, como la suavísima lana de alpaca bebé, la recia lana merino extrafina y la lana virgen británica, además de las voluminosas lanas ligeras. Junto con estas lujosas fibras de origen animal, hay una pequeña selección de las mejores fibras naturales de plantas, en concreto el básico y versátil algodón mercerizado, y la más antigua de las fibras de plantas, el exquisito lino.

En lo que respecta a la selección de fibras, cuando elijo colores suelo decantarme por los naturales. Los tonos suaves característicos de los hilos naturales realzan la sobria simplicidad que me propongo conseguir en mis diseños y proporcionan una base sólida a las gamas cromáticas. Dicho esto, también me gusta jugar con «estallidos» de colores más vivos, que añaden energía al esquema de color. Me parece que este enfoque funciona especialmente bien para los diseños de artículos del hogar. De hecho, crear una línea de color forma parte de mí. Los cojines de rayas de las páginas 64-67, por ejemplo, incorporan «estallidos» de verde azulado, fucsia y *chartreuse* (verde amarillento) para avivar un fondo neutro de castaño, crudo y marrón topo.

Asímismo, las colchas proporcionan una gran oportunidad de trabajar con colores aleatorios y eclécticos para crear una pieza de ganchillo muy personal. Como alternativa, para una elegante y atemporal pieza tradicional apropiada para todas las sensibilidades, las colchas se pueden tejer en diversos matices tonales o, para los que gustan experimentar con los colores, una gama bicromática, dinámica y llamativa nunca falla, siendo mi favorita la que combina el negro con el blanco crudo. Pero no olvidemos la exquisitez natural del monocolor, que puede convertirse en una pieza clásica. Unos dilemas cromáticos con los que sin duda todos nos identificamos.

Por último, no sólo soy una apasionada del diseño con hilos, sino que también creo en fomentar el origen natural y la sostenibilidad de la lana. ¡No deje de utilizarla!

09 brooches

Los hilos: finos

La naturaleza cíclica de la moda ha presenciado el regreso del encaje a un primer plano. Los hilos extrafinos y finos se están volviendo cada vez más populares: la seda y el mohair finamente hilados permiten crear chales, fulares y colchas contemporáneos con un toque clásico. En un principio, el ganchillo imitaba los intrincados encajes medievales y los exquisitos tejidos en fino algodón y en hilo de lino. Los ribetes, los accesorios y los artículos del hogar eran muy populares; pero solo podemos codiciar estas maravillosas piezas, ya que la mayoría se hallan actualmente en museos textiles.

Derecha El clásico hilo de lino fino de ganchillo cuya característica innata es su natural belleza antigua. Es uno de mis favoritos absolutos (Anchor Artiste Linen). **Inferior** Un clásico del ganchillo, el algodón mercerizado; su brillo sutil y su superficie compacta crean puntos firmes y precisos. (Yeoman Yarns Cotton Cannele 4-Ply). **Página siguiente (de arriba abajo)** Hilo de mezcla de alpaca y merino (Rowan Fine Lace), delicado y etéreo, y colores con dos matices de algodón mercerizado (Yeoman Yarns Cotton Cannele 4-Ply).

 Peso del hilo: extrafino
puntilla, encaje de bolillos e hilo de ganchillo de 10 hebras
Tensión media del ganchillo: 32-42 puntos altos dobles en 10 cm.
Tamaños de agujas recomendados: 1,5-2,25 mm.

 Peso del hilo: superfino
calcetines, encaje de bolillos y ropa para bebé
Tensión media del ganchillo: 21-32 puntos altos en 10 cm.
Tamaños de agujas recomendados: 2,25-3,5 mm.

2 **Peso del hilo: fino**
ropa deportiva y ropa para bebé
Tensión media del ganchillo: 16-20 puntos altos en 10 cm.
Tamaños de agujas recomendados: 3,5-4,5 mm.

(Estas son las tensiones y los tamaños de agujas más utilizados para estas categorías de hilos.)

Los hilos: **medianos**

Los hilos medianos, tal vez los más populares de todos los grosores de hilo, son sencillos de utilizar y se pueden conseguir sin problema. Esta gama de hilos se compone de hilo ligero de lana peinada, lana de Arán, hilo de lana peinada y lana afgana. En el transcurso de los años, los hilos medianos han sido el camino de iniciación al ganchillo para mucha gente. Los hilos medianos suelen ser fáciles de tejer y dan una buena claridad de puntos, aunque a menudo crean un tejido menos fluido. Con el ganchillo en especial, es fantástico experimentar con diferentes grosores de hilo utilizando los mismos puntos para obtener el tejido idóneo.

 Peso del hilo: ligero
lana de doble hebra e hilo ligero de lana peinada
Tensión media del ganchillo: 12-17 puntos altos en 10 cm.
Tamaños de agujas recomendados: 4,5-5,5 mm.

 Peso del hilo: medio
lana de Arán, hilo de lana peinada y lana afgana
Tensión media del ganchillo: 11-14 puntos altos en 10 cm.
Tamaños de agujas recomendados: 5,5-6,5 mm.

(Estas son las tensiones y los tamaños de agujas más utilizados para estas categorías de hilos.)

Superior (de izquierda a derecha) Mi propia lana de Arán peinada en madejas (Erika Knight Vintage Wool). **Página siguiente (en el sentido de las agujas del reloj, de arriba abajo)** Un espléndido revoltijo de hilos medianos, en concreto uno de pura lana de alpaca bebé (Rowan Baby Alpaca DK), uno de mezcla de algodón y seda (Rowan Savannah), y uno fantasía de torcido cruzado compuesto de una mezcla de merino, alpaca bebé y nilón (Rowan Lima).

Los hilos: gruesos

Siempre he creado mis propios hilos cortando pedazos de telas tejidas y uniendo varios extremos de diferentes texturas, enroscándolos para obtener un hilo más inspirador: es una manera fantástica de reciclar tejidos naturales sobrantes o de aprovechar hilos almacenados de forma ecléctica. Ingrid Wagner ha llevado esto al extremo al reutilizar los orillos de los telares, productos de desecho de la industria textil, y sin duda ha conseguido un espectacular efecto con agujas de ganchillo enormes. Tejer ganchillo a una escala tan grande crea una nueva perspectiva al tejer con puntos familiares. He utilizado el estupendo hilo grande de Ingrid tejiéndolo con una aguja de 25 mm para crear una sencilla y casera alfombra redonda (*véanse* páginas 100-103). De modo similar, al tejer motivos tradicionales de ganchillo con mi voluminosa Maxi Wool, el sencillo cárdigan de corte kimono ha adquirido la apariencia de un encaje sobredimensionado (*véanse* páginas 136-141).

Página anterior (en el sentido de las agujas del reloj, empezando por arriba) Los hilos finos se pueden unir para crear un hilo supergrueso utilizando dos o tres hebras juntas; se puede crear un hilo continuo cortando telas en tiras (*véase* lección magistral, página 98), para lo cual conviene lavar antes la tela con el fin de eliminar un posible apresto aplicado en el proceso de fabricación; un hilo de pura lana grueso de mi propia colección (Erika Knight Maxi Wool). **Superior** Una mezcla única de lana 100 % británica, que se ha acabado al vapor para aumentar su volumen, suavidad y manejabilidad (Erika Knight Maxi Wool).

 Peso del hilo: pesado
punto grueso, hilo para artesanía e hilo para tejer alfombras
Tensión media del ganchillo: 8-11 puntos altos en 10 cm.
Tamaños de agujas recomendados: 6,5-9 mm.

 Peso del hilo: superpesado
punto supergrueso, hilo voluminoso e hilo de fibra discontinua
Tensión media del ganchillo: 5-9 puntos altos en 10 cm.
Tamaños de agujas recomendados: 9 mm y más grandes.

(Estas son las tensiones y los tamaños de agujas más utilizados para estas categorías de hilos.)

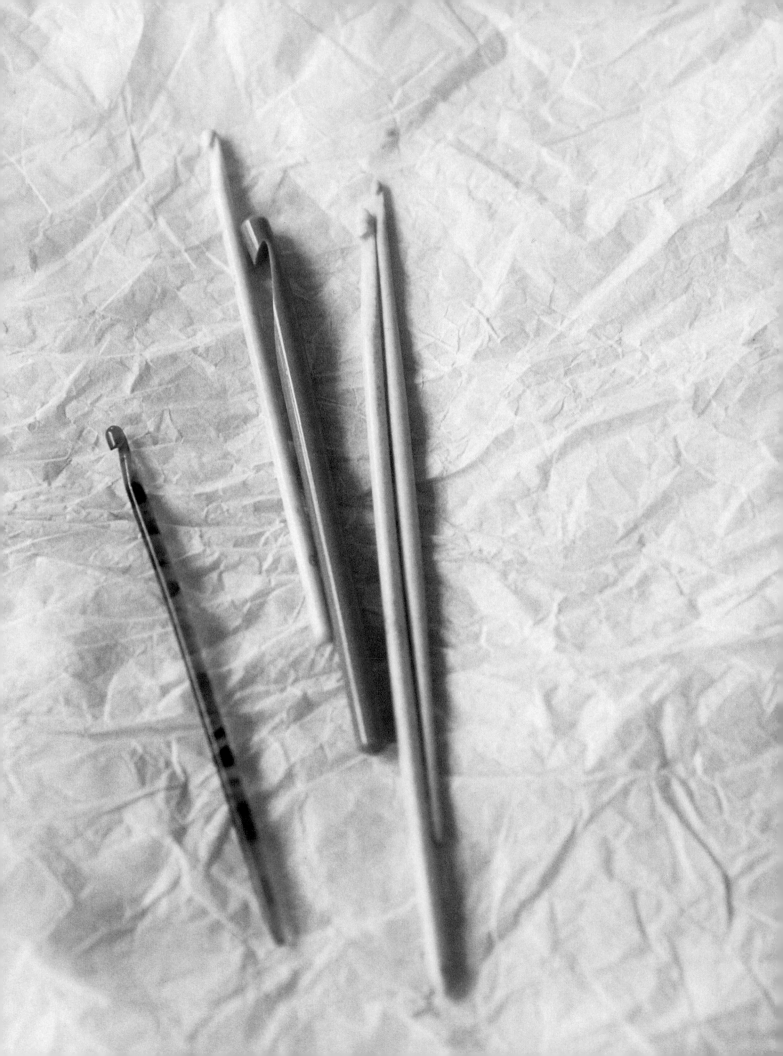

El equipo

Se precisa un mínimo equipo para hacer ganchillo, aunque la aguja es esencial. Las agujas de acero más pequeñas diseñadas para encajes intrincados van desde un tamaño de 0,75 mm hasta los 3,50 mm. Las más utilizadas van desde 3,50 mm hasta 10 mm, pero las hay incluso más grandes para ganchillo «extremo». La aguja de ganchillo está disponible en una gran variedad de materiales y de tamaños; escoja la que no solo le parezca más cómoda para su mano, sino que además sea apropiada para el hilo elegido.

Agujas Las partes de una aguja de ganchillo son la punta, la garganta, la espinilla, la empuñadura y el mango. La punta redondeada permite a la aguja pasar sin dificultad cuando se introduce en un punto o en un espacio. Situada justo debajo de la punta, la garganta es la muesca que sujeta el hilo. La espinilla es la parte que determina el tamaño de los puntos que se tejen; el tamaño de la aguja guarda correlación con el diámetro de la espinilla. La empuñadura es donde se colocan el pulgar y el índice, dependiendo de qué método utilice para sujetar la aguja (*véase* página 21), con el resto del mango que ayuda a mantener el equilibrio global de la aguja.

Acero Las agujas de tamaño más pequeño se fabrican a menudo en acero, ya que este metal proporciona un acabado fino y una firmeza superior. Es la elección ideal para proyectos con lino y algodón finos.

Aluminio Las agujas se suelen fabricar de aluminio en una amplia gama de tamaños.

Madera y bambú A veces se encuentran agujas decorativas de maderas nobles, pero tienen un tacto pesado. Las de bambú son más comunes, pero son menos lisas que las fabricadas con otros materiales.

Plástico Las agujas de plástico coloreado se están volviendo cada vez más populares, sobre todo para los tamaños de agujas más grandes, ya que son más ligeras, más flexibles y tienen un tacto más cálido que las de aluminio.

Tamaños El tamaño de una aguja guarda correlación con la medida del diámetro de la espinilla. Cuando se comprueba una aguja utilizando un medidor de tamaño, la espinilla encaja bien en el hueco del tamaño correcto. Las medidas varían dependiendo del fabricante, por lo que siempre es aconsejable tejer y medir una muestra de tensión (*véase* página 41) antes de empezar un proyecto para asegurarse de utilizar el tamaño de aguja correcto.

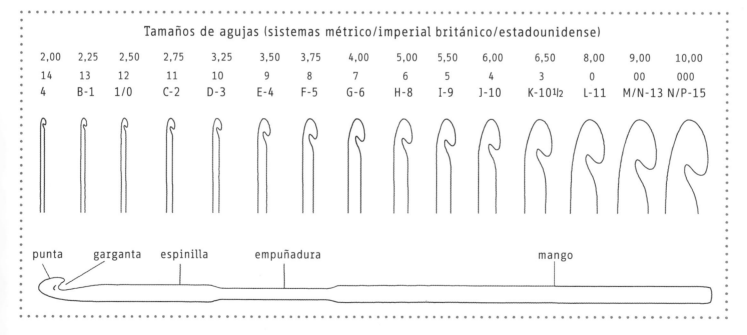

Tamaños de agujas (sistemas métrico/imperial británico/estadounidense)

2,00	2,25	2,50	2,75	3,25	3,50	3,75	4,00	5,00	5,50	6,00	6,50	8,00	9,00	10,00
14	13	12	11	10	9	8	7	6	5	4	3	0	00	000
4	B-1	1/0	C-2	D-3	E-4	F-5	G-6	H-8	I-9	J-10	K-10½	L-11	M/N-13	N/P-15

punta   garganta   espinilla   empuñadura   mango

Cómo hacer un nudo corredizo

Para empezar a hacer ganchillo, es preciso hacer un nudo corredizo en la aguja. A diferencia de la calceta, solo hay un punto en la aguja en todo momento y el nudo corredizo es el punto de partida de todos los puntos de ganchillo.

1 A unos 15 cm del extremo del hilo, hacer un lazo envolviendo el extremo corto alrededor del hilo y, a continuación, dejando que el extremo cuelgue detrás del lazo formado.

2 Introducir la aguja de derecha a izquierda por debajo del hilo y pasarla por el lazo, tal como se muestra.

3 Al tirar de ambos extremos del hilo, el nudo se deslizará hacia arriba y se apretará alrededor de la aguja.

1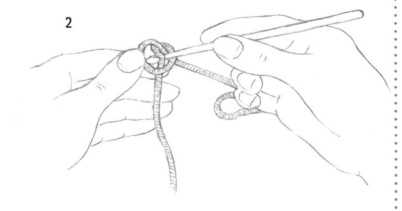

2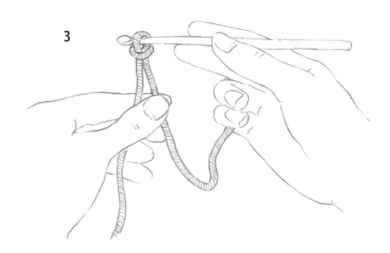

3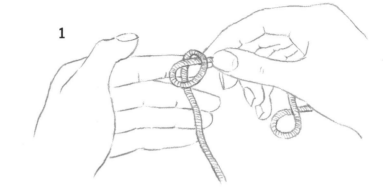

Cómo sujetar la aguja de ganchillo

El ganchillo es sencillo, porque todo lo que hay que hacer es sujetar una aguja y hacer un punto cada vez. Hay dos formas de sujetar la aguja: pruebe ambas y escoja la que le parezca más cómoda.

Sujetar la aguja como un lápiz
Tomar la parte plana de la aguja entre el pulgar y el índice, y hacer que el mango descanse en la curva entre el pulgar índice.

Sujetar la aguja como un cuchillo
Sujetar la parte plana de la aguja entre el pulgar y el dedo índice, pero teniendo el dorso de la mano en la parte superior del ganchillo con el mango debajo de la palma.

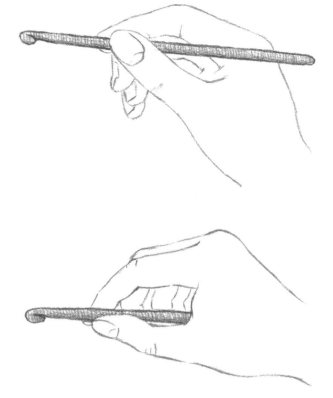

Método para la mano izquierda

Hacer ganchillo con la mano izquierda es exactamente igual que con la derecha, pero con la aguja y el hilo colocados a la inversa, esto es, la aguja en la mano izquierda y el hilo envuelto alrededor de la mano derecha.

Cómo controlar el hilo

La forma en que se sujeta el hilo permite que fluya desde el ovillo con la cantidad correcta de tensión. Hay dos maneras de hacerlo: el método con el dedo índice y el método con el dedo corazón. Pruebe ambos y escoja el que le parezca más cómodo.

Método con el dedo índice

1 Sujetar la aguja con el nudo corredizo con la mano derecha. Agarrar el hilo (el extremo del ovillo) entre el meñique y el dedo anular de la mano izquierda, y envolverlo en el sentido de las agujas del reloj alrededor del dedo meñique.

2 Tomar el hilo por debajo de los dos dedos siguientes y por encima y alrededor del dedo índice.

3 Sujetar el hilo, por debajo del nudo corredizo, entre el pulgar y el dedo corazón de la mano izquierda. A continuación, levantar el dedo índice. Ahora ya está preparado para hacer ganchillo, tejiendo con el hilo entre la aguja y el dedo índice.

1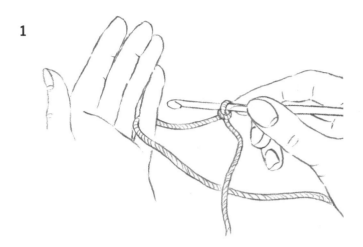

2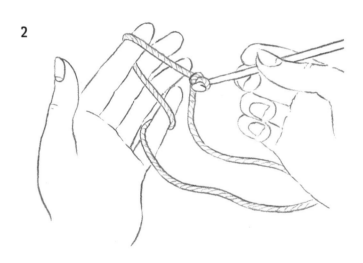

3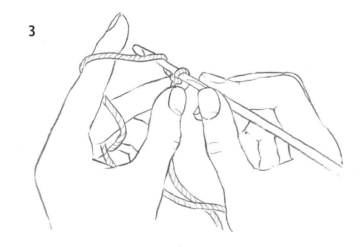

Método con el dedo corazón

1 Sujetar la aguja con el nudo corredizo con la mano derecha. Agarrar el hilo (el extremo del ovillo) entre el meñique y el dedo anular de la mano izquierda, y envolverlo en el sentido de las agujas del reloj alrededor del dedo meñique.

2 Sujetar el hilo por encima de los dos dedos siguientes, así como por encima y alrededor del dedo índice.

3 Sujetar el hilo, justo debajo del nudo corredizo, entre el pulgar y el índice de la mano izquierda. A continuación, levantar el dedo corazón para controlar el hilo y hacerlo correr entre los dedos. Tejer con el hilo entre la aguja y el dedo corazón.

1

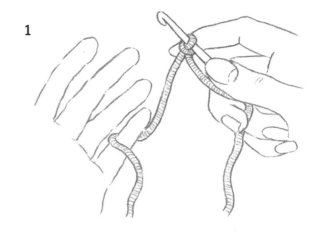

2

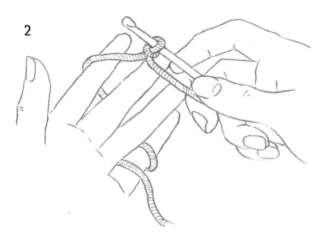

3

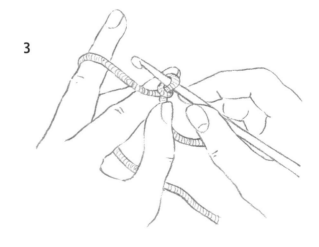

Cómo tensar el extremo del hilo

Es necesario aplicar cierta tensión al extremo de la cola del hilo o, de lo contrario, se encontrará intentando hacer ganchillo en el aire. Utilice el segundo o el tercer dedo y el pulgar de la mano izquierda para tirar suavemente del extremo de la cola del hilo pellizcándolo justo debajo de la aguja.

Cómo hacer una cadeneta base

El ganchillo muy a menudo se empieza con una serie de puntos de cadeneta, que se utilizan para hacer la primera hilera, que se denomina «cadeneta base». Es preciso tejerla de forma floja y uniforme para que la aguja pueda introducirse en cada uno de los lazos de la primera hilera. Puede que le cueste lograr una tensión uniforme al principio, por lo que tal vez necesite practicar varias veces.

1 Sujetando el nudo corredizo con la mano izquierda y manteniendo el hilo tirante entre la aguja y el dedo levantado, empujar la aguja hacia adelante y tirar de ella a la vez que se pasa por debajo, por detrás y, a continuación, por encima del hilo de modo que este se envuelva alrededor de ella y quede sujeto en la muesca. Esto se denomina «envolver el hilo alrededor de la aguja» (e.h.a.a.).

2 Pasar el hilo por el lazo en la aguja, manteniéndolo con una tensión uniforme. Esto forma un nuevo lazo en la aguja y crea un punto de cadeneta. El nuevo lazo debería estar lo bastante flojo como para permitir que el siguiente punto de cadeneta pase por él sin problema.

3 Sujetando la cadeneta más próxima a la aguja con el pulgar y el dedo corazón, repetir los pasos 1 y 2 hasta obtener el número requerido de cadenetas. No contar el lazo en la aguja. Todos los puntos de cadeneta deberían tener el mismo tamaño.

1

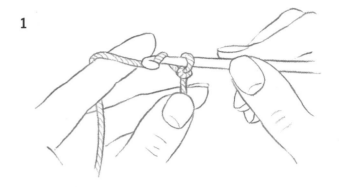

2

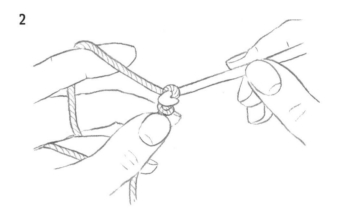

3

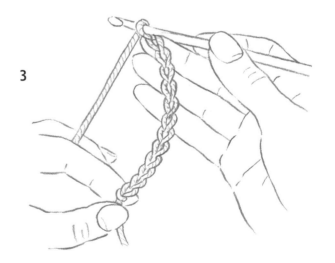

Cómo contar las cadenetas

Cuando teja según un patrón, necesitará hacer un número determinado de cadenetas para crear la hilera base. A la hora de contar las cadenetas con exactitud, es importante ser capaz de reconocer la formación de cada una de ellas.

La parte frontal de una cadeneta

Presenta el aspecto de una serie de figuras en V creadas por el hilo, donde cada V es un lazo de cadeneta situado entre el lazo de cadeneta de arriba y el de abajo. La primera cadeneta que se teje tiene el nudo corredizo situado directamente debajo de ella. La superficie de la cadeneta es lisa en esta parte frontal. Los puntos deberían contarse en este lado de la cadeneta siempre que sea posible.

La parte posterior de una cadeneta

Tiene una hilera de protuberancias creadas por el hilo. Estas se hallan situadas detrás de las V y corren verticalmente desde justo encima del nudo corredizo hasta la aguja. La superficie de la parte posterior de la cadeneta es más texturada que la parte frontal.

Contar las cadenetas

Cuando cuente las cadenetas, no incluya el punto en la aguja: en todo momento hay un lazo en la aguja en el lugar donde se remata. Para facilitar el recuento de cadenetas cuando se teje un gran número de ellas, es una buena idea colocar marcadores de puntos a intervalos predeterminados, como después de cada 10 o 20 puntos.

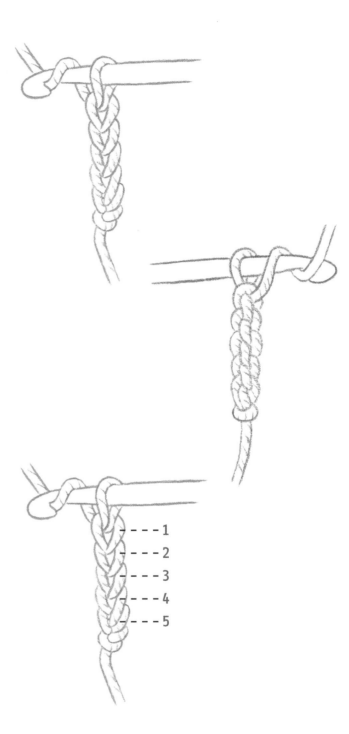

Cómo hacer puntos sueltos

Cuando teja cadenetas, o de hecho cualquier punto, asegúrese de desplazar cada punto a la parte más gruesa de la aguja (la espinilla) antes de pasar al siguiente. Si los teje en la parte más estrecha de la aguja (la garganta), estarán apretados y será difícil pasar la aguja por ellos en las siguientes hileras.

Cómo hacer punto raso

Estos son los cinco puntos básicos que se utilizan en el ganchillo. El punto raso es el más básico de todos ellos. Se utiliza sobre todo para unir hileras cuando se teje en redondo y para los menguados. Sin embargo, es un punto excelente para iniciarse en la práctica del ganchillo, así como para familiarizarse con las técnicas de sujeción de la aguja y el hilo.

1 Hacer una cadeneta base con puntos de cadeneta tejidos de modo uniforme. Identificar la segunda cadeneta desde la aguja.

2 Introducir la aguja desde el frente hacia atrás por debajo del lazo superior de la segunda cadeneta.

1

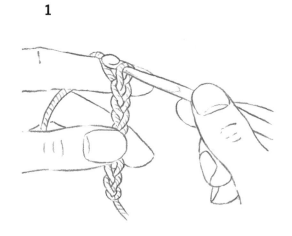

2

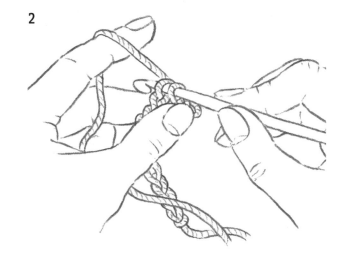

3 Pasar la aguja por debajo, por detrás y a continuación por encima del hilo (envolver este último alrededor de la aguja: e.h.a.a.), de modo que quede sujeto en la aguja.

4 Sacar el hilo por los dos lazos en la aguja. Al hacerlo, se forma un lazo en la aguja, que completa el punto raso.

5 Para continuar tejiendo el punto raso, introducir la aguja en la siguiente cadeneta y repetir los pasos 3 y 4.

3

4

5

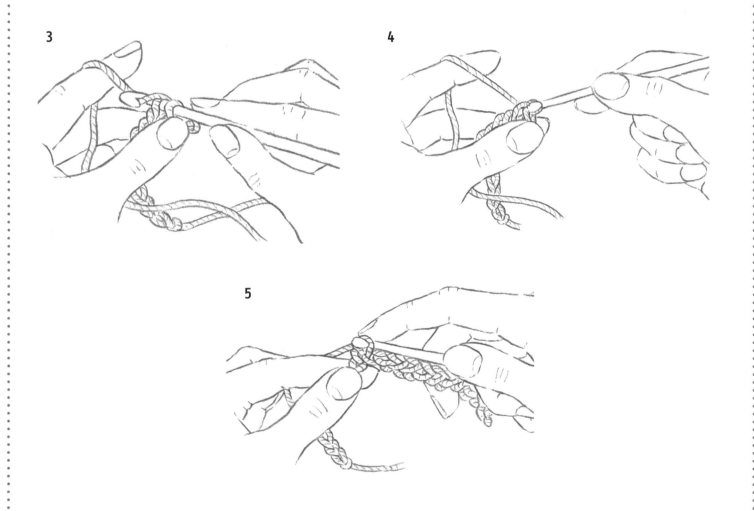

Cómo hacer punto alto

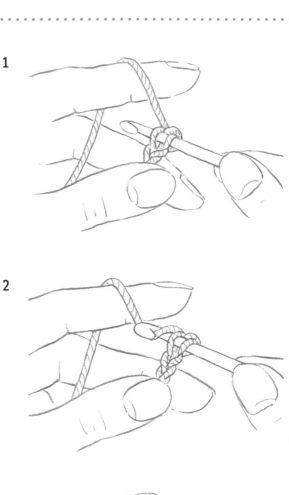

El punto alto es básico. Una vez dominados, el punto alto y los demás puntos básicos se pueden utilizar en combinación para crear una gran variedad de puntos decorativos. El punto alto es uno de los puntos básicos más sencillos de hacer.

1 Una vez hecha la cadeneta base, identificar la segunda cadeneta desde la aguja. Introducir la aguja desde el frente hacia atrás por debajo del lazo superior de la segunda cadeneta.

2 Envolver el hilo alrededor de la aguja.

3 Sacar el hilo por el primer lazo en la aguja. Ahora hay dos lazos en la aguja.

4 Envolver el hilo alrededor de la aguja.

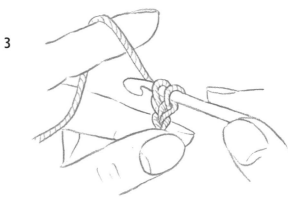

5 Pasar el hilo por ambos lazos en la aguja. Ahora hay un lazo en la aguja y esto completa el punto.

6 Hacer un punto doble en cada cadeneta de la cadeneta base. En el extremo de la hilera, girar la pieza de ganchillo hasta que el hilo se sitúe detrás de la aguja. Hacer un punto de cadeneta. Esto se denomina «cadeneta de giro» y no cuenta como punto (*véase* página 36).

7 Introducir la aguja desde el frente hacia atrás por debajo de ambos lazos superiores del primer punto alto al principio de la hilera.

8 Hacer un punto alto en cada punto de la hilera anterior. Asegúrese de que teje en el último punto doble de la hilera de debajo y no en la cadeneta de giro.

5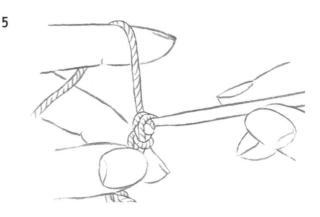

6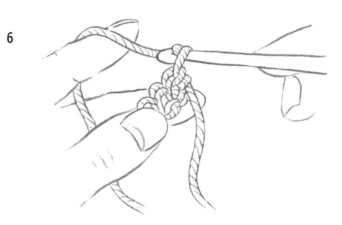

7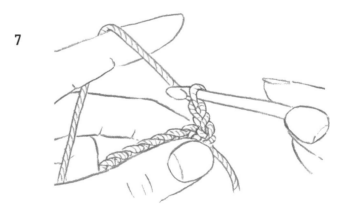

8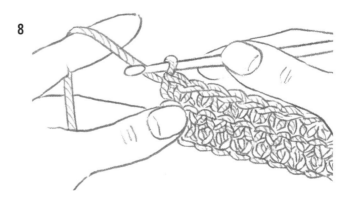

Cadeneta de giro

Para punto alto
Todas las hileras: una cadeneta para girar y, a continuación, introducir la aguja en el primer punto.

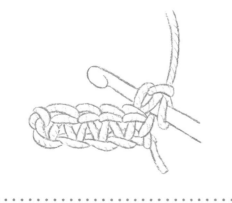

Cómo hacer punto medio alto doble

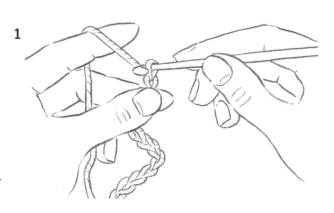

Un punto medio alto doble se encuentra entre uno doble y uno doble alto en altura. Da lugar a un tejido menos firme que el punto alto, pero no es tan abierto como el punto doble alto, y crea un atractivo resalte en el tejido. La abreviatura del punto medio alto doble es p.m.a.d.

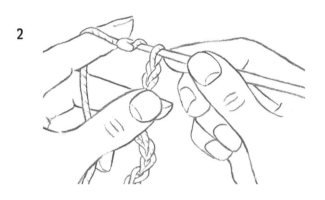

1 Hacer un nudo corredizo a unos 15 cm del extremo del hilo e introducir la aguja de derecha a izquierda. Hacer una cadeneta base.

2 Una vez hecha la cadeneta base, envolver el hilo alrededor de la aguja. Identificar la tercera cadeneta desde la aguja.

3 Introducir la aguja desde el frente hacia atrás por debajo del lazo superior de la tercera cadeneta.

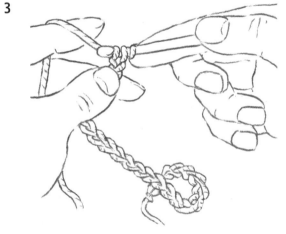

4 Envolver el hilo alrededor de la aguja y sacarlo por el lazo de la cadeneta. Ahora hay tres lazos en la aguja. Envolver el hilo alrededor de la aguja y pasarlo por los tres lazos. Esto completa el primer punto medio alto doble.

5 Continuar tejiendo un punto medio alto doble en cada una de las cadenetas hasta el extremo de la hilera.

6 Girar la pieza de ganchillo y hacer una cadeneta de giro de dos cadenetas. Esto cuenta como el primer punto medio alto doble de la hilera siguiente.

7 Saltar el primer punto en la base de la cadeneta de giro y hacer un punto medio alto doble debajo de ambos lazos del segundo punto en la hilera anterior.

8 Continuar tejiendo un punto medio alto doble en cada punto de la hilera anterior, También en la parte superior de la cadeneta de giro de la hilera anterior.

Cadeneta de giro
Para punto medio alto doble
Hilera base: saltar dos cadenetas al principio de la hilera base.
Hileras siguientes: dos cadenetas para girar y, a continuación, introducir la aguja en el segundo punto.

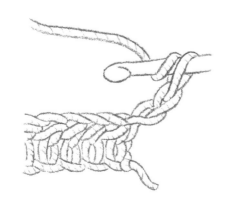

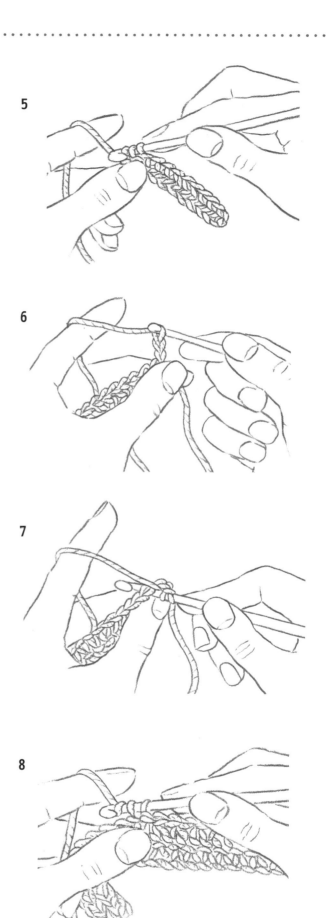

Cómo hacer punto alto doble

El tercero de los cinco puntos básicos es el punto alto doble. Es dos veces más alto que el punto alto y crece rápidamente hasta formar un tejido más abierto. Es la base de muchos patrones. La abreviatura de punto alto doble es p.a.d.

1 Hacer un nudo corredizo a unos 15 cm del extremo del hilo e introducir la aguja de derecha a izquierda. Hacer una cadeneta base. Una vez hecha, envolver el hilo alrededor de la aguja. Identificar la cuarta cadeneta desde la aguja.

2 Introducir la aguja desde el frente hacia atrás por debajo del lazo superior de la cuarta cadeneta.

3 Envolver el hilo alrededor de la aguja y sacarlo por el lazo de la cadeneta. Ahora hay tres lazos en la aguja.

4 Envolver el hilo alrededor de la aguja y pasarlo por los dos primeros lazos en la aguja. Ahora hay dos lazos en la aguja.

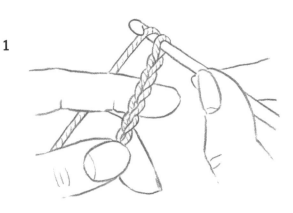

1

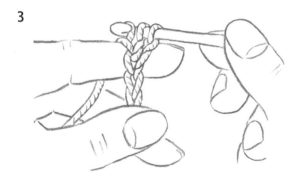

2

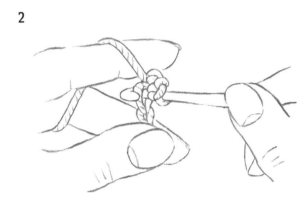

3

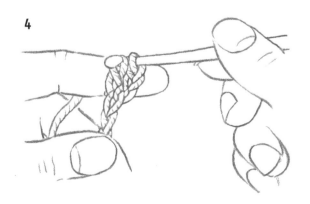

4

5 Envolver el hilo alrededor de la aguja. Pasarlo por los 2 lazos restantes en la aguja. Ahora hay un lazo en la aguja y el punto está completado.

6 Continuar a lo largo de la cadeneta base, tejiendo un punto alto doble en cada cadeneta. Esto completa una hilera de punto alto doble.

7 Para empezar la siguiente hilera, girar la pieza de ganchillo y hacer una cadeneta de giro de tres puntos de cadeneta, que cuenta como el primer punto de la hilera. Ahora situar el segundo punto alto doble en la hilera anterior.

8 Envolver el hilo alrededor de la aguja e introducir la aguja desde el frente hacia atrás por debajo de AMBOS lazos de este segundo punto. Repetir los pasos 3-5. Continuar a lo largo de la hilera, tejiendo un punto alto doble debajo de ambos lazos de cada punto alto doble en la hilera de abajo. Al llegar al extremo de la hilera, tejer el último punto en la cadeneta superior de la cadeneta de giro en la hilera anterior.

Cadeneta de giro
Para punto alto doble
Cadeneta base: saltar tres cadenetas al principio de la hilera base.
Hileras siguientes: tres cadenetas para girar y a continuación introducir la aguja en el segundo punto.

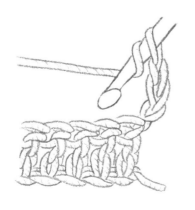

5

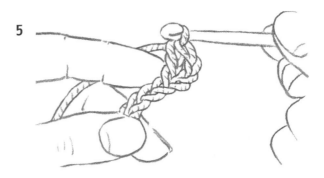

6

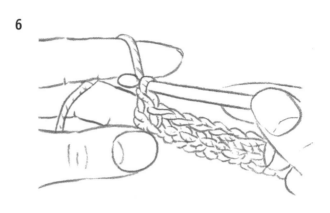

7

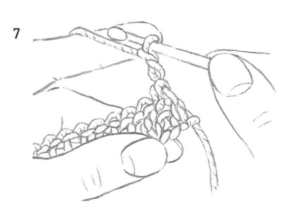

8

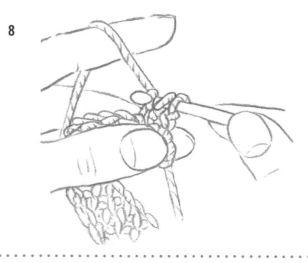

Cómo hacer punto alto triple

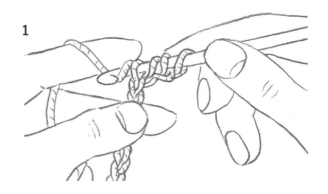

Este punto de ganchillo es tres veces más alto que el punto alto y forma un tejido abierto con una textura suelta. La abreviatura de punto alto triple es p.a.t.

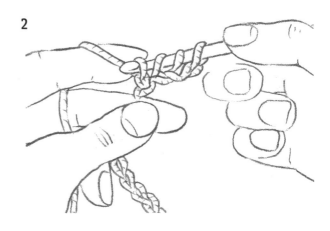

1 Hacer un nudo corredizo a unos 15 cm del extremo del hilo y tejer una cadeneta base. Una vez hecha, envolver el hilo alrededor de la aguja dos veces. Identificar la quinta cadeneta desde la aguja. Introducir la aguja desde el frente hacia atrás por debajo del lazo superior de la quinta cadeneta. Envolver el hilo alrededor de la aguja.

2 Sacar el hilo por el lazo de la cadeneta en la aguja. Ahora hay 4 lazos en la aguja.

3 Envolver el hilo alrededor de la aguja. Pasarlo por solo dos lazos. Ahora hay tres lazos en la aguja.

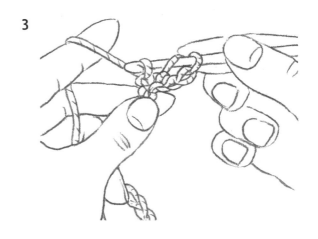

4 Envolver el hilo alrededor de la aguja. Pasar el hilo por solo dos lazos. Ahora hay dos lazos en la aguja.

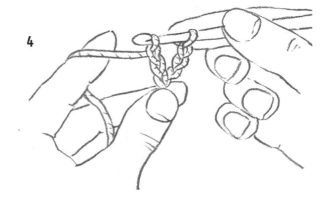

5 Envolver el hilo alrededor de la aguja. Pasarlo por los dos lazos restantes. Ahora hay un lazo en la aguja y esto completa el punto.

6 Hacer un punto alto triple en cada cadeneta de la cadena base.

7 Al llegar al extremo de la hilera, girar la pieza de ganchillo para que el hilo se sitúe detrás de la aguja. Hacer cuatro puntos de cadeneta. Esta cadeneta de giro cuenta como el primer punto alto triple de la nueva hilera. Ahora ya está listo para tejer en la otra dirección.

8 Saltar el primer punto en la base de la cadeneta de giro. Hacer un punto alto triple en el segundo punto introduciendo la aguja por debajo de ambos lazos superiores del punto en la hilera anterior. Continuar tejiendo un punto alto triple en cada uno de los puntos hasta el extremo, incluida la cadeneta superior de la cadeneta de giro.

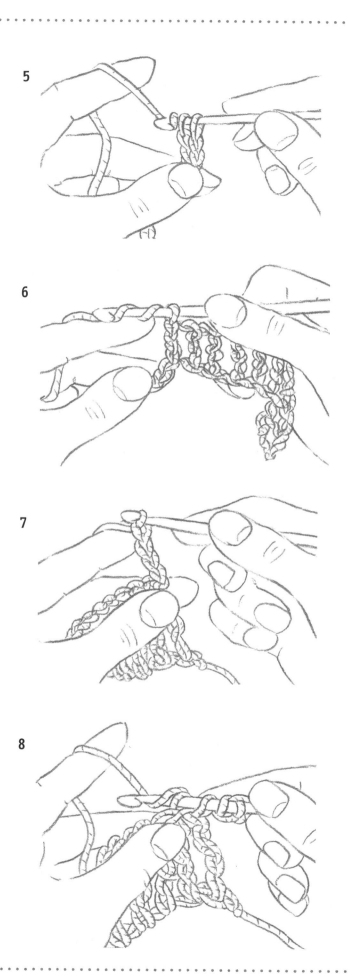

Cadeneta de giro
Para punto alto triple
Hilera base: saltar cuatro cadenetas al principio de la hilera base.
Hileras siguientes: cuatro cadenetas para girar y, a continuación, introducir la aguja en el segundo punto.

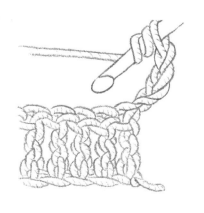

Cómo hacer cadenetas de giro

Cuando el ganchillo se teje en hileras y la pieza se gira entre cada hilera, hay que añadir cadenetas de giro para subir la aguja a la altura de la nueva hilera de puntos. Cada punto de ganchillo utiliza un número concreto de cadenetas porque los puntos varían en altura. Se puede hacer una cadeneta de giro de dos formas, que se explican aquí.

La cadeneta de giro cuenta como el primer punto
1 Esta es la forma más habitual de hacer una cadeneta de giro. Tejer hasta el extremo de la primera hilera y girar la pieza de ganchillo. Hacer el número de cadenetas que se indican en el patrón. Identificar el segundo punto de la hilera de abajo, ya que va a trabajar en él, saltando el primer punto.

2 Introducir la aguja desde el frente hacia atrás por debajo de los dos lazos superiores del segundo punto de la hilera de abajo. Saltando el primer punto, la cadeneta de giro se convierte en el primer punto de esta nueva hilera.

3 Tejer hasta el extremo de la primera hilera, haciendo un punto en la parte superior de cada uno de los puntos de la hilera de abajo. Al llegar al extremo de la hilera, tejer el último punto en la parte superior de la cadeneta de giro de la hilera de abajo. Trabajando de esta forma, se mantiene constante el número de puntos y rectos los bordes de la pieza de ganchillo.

1

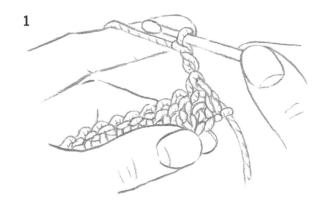

2

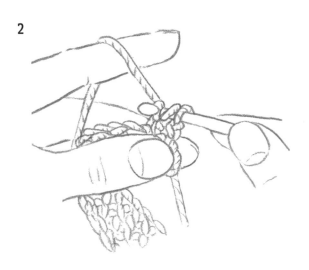

3

La cadeneta de giro no cuenta como punto

1 Este método se utiliza para puntos cortos, como el punto alto. Tejer hasta el extremo de la hilera y girar la pieza de ganchillo. Hacer el número de cadenetas que se indican e identificar el primer punto al principio de la hilera.

2 Hacer el primer punto en el primer punto en la base de la cadeneta de giro. Continuar hasta el extremo de la hilera y hacer el último punto en el último punto alto de la hilera de abajo, no en la cadeneta de giro.

1

2

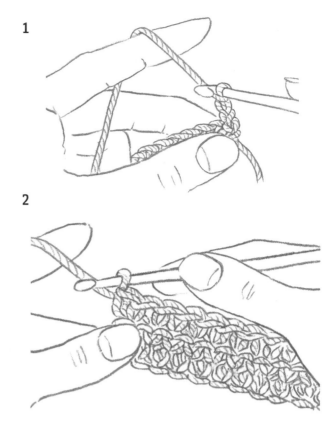

Cuándo girar

Se puede añadir la cadeneta de giro en el extremo de la hilera antes de girar la pieza de ganchillo, o después de girar la pieza de ganchillo y antes de empezar la nueva hilera. Añadir la cadeneta de giro en el extremo de la hilera facilita el recuento de las cadenetas en el caso de que sea necesario, mientras que muchos patrones le darán instrucciones para que añada la cadeneta de giro al principio de la hilera. La elección es suya.

Añadir la cadeneta de giro en el extremo de la hilera

1 Cuando llegue al extremo de la hilera, teja el número de cadenetas requeridas y, a continuación, gire la pieza de ganchillo. Debe girarla de derecha a izquierda para que el hilo se sitúe detrás de la aguja y así no tuerza la cadeneta.

Añadir la cadeneta de giro al principio de la hilera

2 Cuando llegue al extremo de la hilera, gire la pieza de ganchillo para que el hilo se sitúe detrás de la aguja y, a continuación, añada el número de cadenetas requeridas.

1

2

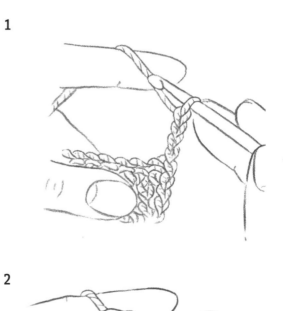
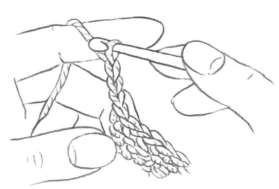

Cómo tejer en redondo

En lugar de tejer de un lado a otro en hileras horizontales, se puede tejer ganchillo empezando con un anillo central y continuando hacia fuera en vueltas. Cuando se teje en redondo, el lado del derecho de la pieza de ganchillo está hacia arriba todo el tiempo. La forma de la vuelta viene dictada por los menguados y los aumentos que se hacen al tejerla.

1 Hacer una cadeneta base corta de seis cadenetas o según se indique en el patrón. Unirlas hasta formar un anillo tejiendo un punto raso en la primera cadeneta de la cadeneta base.

2 Hacer una cadeneta de inicio para la primera vuelta. El número de cadenetas que se deben tejer depende del punto que se utilice. Para el punto alto doble, por ejemplo, se necesitará hacer tres cadenetas, y esto cuenta como el primer punto alto doble.

3 Hacer la primera vuelta del patrón. Tejer los puntos en el centro del anillo introduciendo la aguja en el espacio del centro del anillo cada vez y no en los lazos de la cadeneta base.

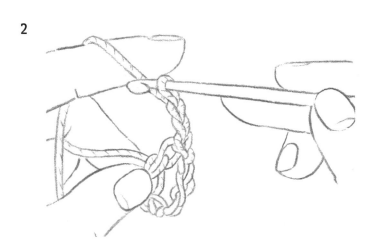

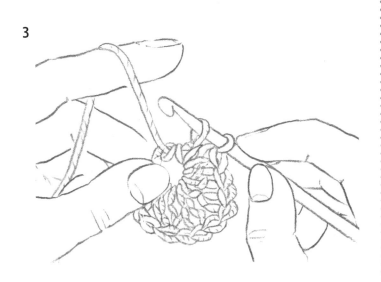

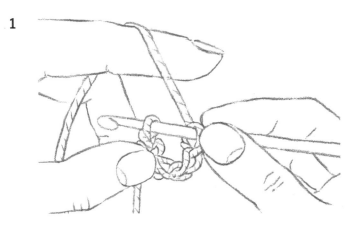

4 Para completar la vuelta, hay que unir el primer y el último punto de la vuelta. Para hacer esto en una vuelta de punto alto doble, por ejemplo, tejer un punto raso en la tercera cadeneta de la cadeneta de inicio, tal como se muestra.

5 Hacer la cadeneta de inicio para la siguiente vuelta. Para el punto alto doble, hacer tres cadenetas, que cuenta como un punto alto doble. Para continuar, hacer un punto alto doble en el mismo lugar. A continuación, hacer dos puntos altos dobles en cada punto de la vuelta anterior. Hacer aumentos de este modo crea una forma circular. Completar la vuelta tejiendo un punto raso en la tercera cadeneta de la cadeneta de inicio para unir el primer y el último punto. Tejiendo cada vuelta como se indica, el número de puntos en cada vuelta aumenta, de modo que el círculo de puntos crece en tamaño.

4

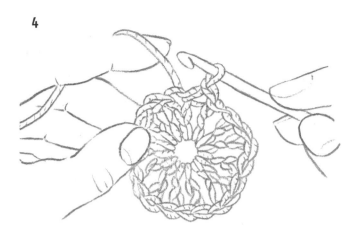

5

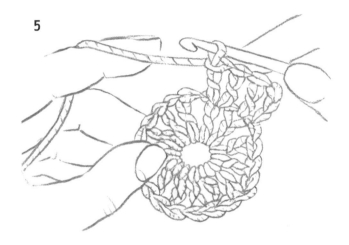

Cómo tejer en espacios

Los efectos de muchos diseños de ganchillo se crean no solo con los puntos, sino también con el modo en que se colocan y se disponen los espacios que los rodean. Cuando se sigue un patrón, a menudo es necesario tejer en un espacio hecho en la hilera o la vuelta anterior, en lugar de tejer en el punto o a su alrededor. De modo similar, saltar un punto o dos es a menudo parte integral de un diseño, en particular si se está tejiendo una pieza de encaje de ganchillo.

Al crear un efecto texturado variando la colocación de los puntos, el punto a tejer se hace de la misma manera que la habitual, ya que es solo el lugar donde se introduce la aguja en las hileras o vueltas previas el que varía. El patrón indicará cómo colocar los puntos. Tejer en la parte superior del punto es lo más frecuente, pero a menudo hay que tejer entre puntos en el espacio entre ellos.

Cómo tejer en espacios en un motivo cuadrado

1 Hacer una cadeneta base y unirla con un punto raso a la primera cadeneta para formar un anillo. Hacer 5 cadenetas (esto cuenta como 1 punto alto doble y como 2 cadenetas). *Hacer 3 puntos altos dobles en el anillo y, a continuación, hacer 2 cadenetas*.

2 Repetir desde * hasta * 2 veces más y, a continuación, hacer 2 puntos altos dobles en el anillo. Unir con un punto raso en la 3.ª cadeneta de las 5 cadenetas hechas al principio.

3 Hacer un punto raso en el siguiente espacio de 2 cadenetas, hacer 4 cadenetas y, a continuación, hacer 3 puntos medios altos dobles en el mismo espacio de 2 cadenetas.

4 **Hacer 1 cadeneta, saltar 3 puntos altos dobles y, a continuación, hacer 3 puntos medios altos dobles, 2 cadenetas y 3 puntos medios altos dobles en el siguiente espacio de 2 cadenetas**. Repetir desde ** hasta ** 2 veces más. Hacer 1 cadeneta, saltar 3 puntos altos dobles y hacer 2 puntos medios altos dobles en el mismo espacio que las 4 cadenetas al principio de la vuelta. Unir con un punto raso a la 2.ª cadeneta de las 4 cadenetas al principio de la vuelta. Continuar tejiendo vueltas de esta forma siguiendo las instrucciones.

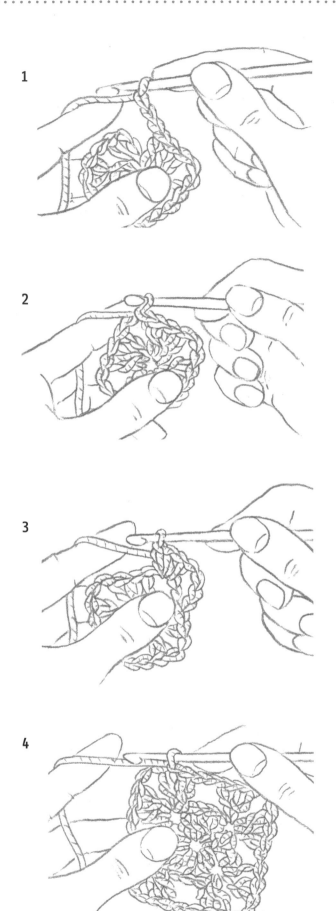

1

2

3

4

Cómo comprobar la tensión

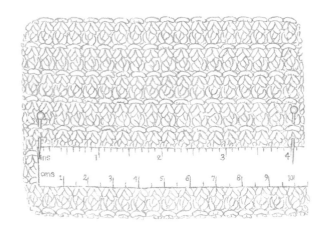

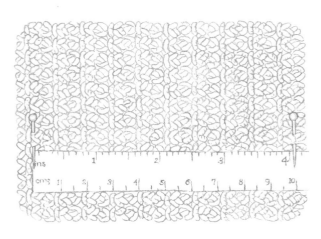

Es crucial comprobar la tensión de las piezas de ganchillo antes de embarcarse en un proyecto. La tensión, que también se denomina «medidor de puntos», es el número de puntos e hileras que hay en una medida determinada. Determina las medidas de una pieza de ganchillo, por lo que si está tejiendo una prenda o cualquier otro proyecto que deba tener un tamaño específico, entonces es esencial obtener el mismo número de hileras y de puntos que se indican en el patrón.

Si la tensión de una pieza de ganchillo difiere de la indicada en el patrón, la pieza acabada probablemente tendrá un tamaño diferente o una forma desfigurada. Una pequeña diferencia de más de 10 cm puede aumentar de manera considerable el ancho completo de la pieza de ganchillo. Si la tensión está más floja o más tensa de lo indicado en el patrón, la prenda será más grande o más pequeña que el tamaño especificado. Dedicar unos momentos a comprobar la tensión antes de empezar evitará muchos problemas y disgustos después.

El tamaño del punto depende del tipo de hilo y de su peso, del tamaño de la aguja, del punto utilizado y del control del hilo. También puede influir el estado de ánimo. Aunque a muchas personas practicar ganchillo les ayuda a aliviar el estrés, algunas experimentan una tensión más fuerte cuando los niveles de ansiedad se elevan.

Cómo hacer una muestra de tensión

Utilizando el mismo hilo, la misma aguja y el mismo punto con los que se ha medido la tensión en el patrón, tejer una muestra de al menos 13 cm cuadrados.

Cómo medir una muestra de tensión

Colocar plano el cuadrado de ganchillo sobre una superficie plana. Para comprobar la tensión del punto, colocar una regla (una cinta métrica de tela es menos precisa) en sentido horizontal encima del cuadrado de ganchillo y marcar 10 cm con alfileres. Contar el número de puntos entre los alfileres. Para comprobar la tensión de las hileras, colocar una regla verticalmente encima del cuadrado de ganchillo, marcar 10 cm con alfileres y contar el número de hileras.

Cómo corregir la tensión

Si el número de puntos y de hileras es mayor de los que se indican en el patrón, entonces la tensión será mayor. Esto se puede regular con una aguja más grande. Si el número de puntos es menor que el especificado, entonces la tensión será más floja, por lo que se debería cambiar a una más pequeña.

Atención: la tensión podría cambiar respecto a la de la muestra al tejer la pieza de ganchillo con una mayor cantidad de puntos. Si le resulta imposible ajustarse a la tensión indicada en el patrón, es más importante ajustarse a la de los puntos que a la tensión de las hileras, que siempre se puede compensar tejiendo más o menos hileras según sea necesario.

Acabado y costuras

Siempre tómese su tiempo para el acabado de las piezas de ganchillo. Aquí encontrará la explicación de lo que las instrucciones quieren decir con «rematar» y «esconder los cabos», más unas cuantas técnicas de costura. Existen varias formas de unir piezas de ganchillo: con una aguja de coser o con una aguja de ganchillo, y tres de las formas más populares se detallan aquí. Para las costuras, utilizar el mismo hilo o uno más fino a juego con el color del proyecto.

Cómo rematar una pieza de ganchillo
Cuando se termina de tejer una pieza, es necesario rematarla para que quede bien sujeta.

1 Cuando haya terminado de tejer la hilera o la vuelta final, quedará un lazo en la aguja. Cortar el hilo a unos 30 cm de la aguja. Envolver el hilo cortado alrededor de la aguja y pasarlo por el hilo en la aguja.

2 Retirar la aguja y pasar el extremo del hilo por el lazo. Tirar del extremo del hilo para apretar el nudo.

1

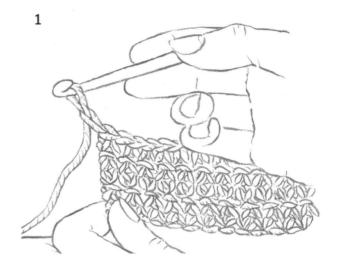

2

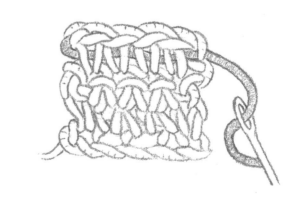

Esconder los cabos
Para deshacerse de los cabos que no se hayan «incluido» en la pieza de ganchillo tejiendo encima de ellos, entretejer el extremo del hilo en la parte trasera de la pieza de ganchillo, tal como se muestra. Y, a continuación, cortar el extremo del cabo junto a la pieza.

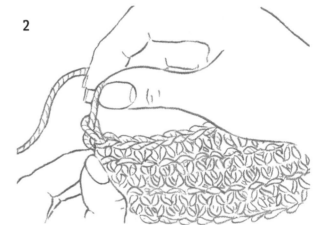

Costura de punto raso

Hecha con aguja de ganchillo, la costura de punto raso es un método popular de unir piezas de ganchillo. Colocar las dos piezas que se vayan a unir con los lados del derecho hacia arriba. Introducir la aguja en ambas piezas al principio de la costura, envolver el hilo alrededor de la aguja y pasarlo por ambas piezas y por el lazo en la aguja. Tejiendo a través de ambas capas, unirlas con puntos rasos en el resto de la costura. Tenga cuidado de no tejer demasiado apretado, porque, a pesar de que así es fuerte y seguro, el resultado puede ser muy rígido y crear una costura algo abultada.

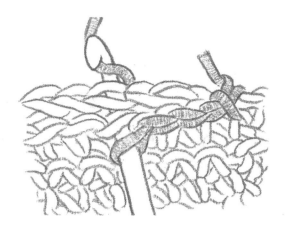

Costura de punto alto

La costura de punto alto es idónea para unir bordes rectos, dado que crea una costura menos abultada. También se puede tejer en el lado del derecho de la pieza, por lo que también sirve para crear elementos. También tiene la ventaja de ser ligeramente elástica. Colocar las piezas a unir con los lados del derecho o bien los lados del revés juntos, según prefiera. Introducir la aguja desde el frente hacia atrás en los bordes de ambas piezas, envolver el hilo alrededor de la aguja y pasarlo por ambas piezas, completar un punto alto de la forma habitual y, a continuación, introducir la aguja en el siguiente punto para hacer el siguiente punto alto. Continuar tejiendo así hasta el extremo de la costura y después rematar.

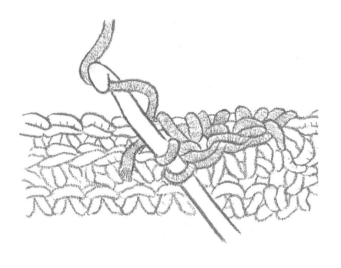

Costura tejida

La costura tejida, que se hace con una aguja de punta roma, da un acabado más plano, puesto que los lados rectos se unen borde con borde. Con los lados del derecho de ambas piezas hacia arriba y los bordes en los que debe hacerse la costura alineados hilera con hilera o punto con punto, introducir la aguja desde arriba en el lado derecho del punto al comienzo de la costura en la primera pieza. A continuación, introducir la aguja desde la parte inferior del punto hacia la parte superior del primer punto al comienzo de la costura de la segunda pieza. Introducir entonces la aguja desde arriba en el siguiente punto de la primera pieza y a continuación en el segundo punto de la segunda pieza. Repetir este proceso en «zigzag» hasta completar la costura. Aumente la tensión de los puntos con cuidado a medida que va tejiendo para que los bordes se junten poco a poco.

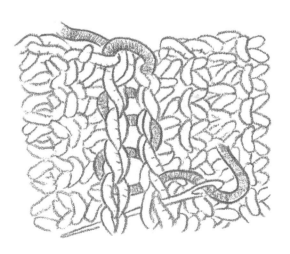

Cómo interpretar los patrones de ganchillo

A la hora de interpretar los patrones de ganchillo, existen muchas convenciones y terminología comunes. Aunque los diseñadores pueden emplear ligeras variaciones de estilo, se da siempre la misma información. Antes de adquirir el hilo, estudie el patrón para asegurarse de que entiende exactamente lo que se necesita.

Tamaño

Para artículos del hogar y accesorios, los patrones suelen ser de talla única. Para diseños de prendas, por lo general está disponible una gama de tallas que van desde las extrapequeñas a las extragrandes. En ocasiones, las tallas se dan como «adecuadas» –las medidas de tórax o de busto recomendadas para cada talla– y a veces se dan como «reales» –las medidas de la pieza acabada. Dependiendo de la prenda o del ajuste planeado, si es holgado o entallado, estas dos medidas no serán necesariamente las mismas.

Materiales

El patrón especifica qué tipo de hilo se necesita para el proyecto, junto con el número total de ovillos. El cárdigan asimétrico de las páginas 136-141 es una prenda de talla única diseñada para un ajuste holgado, pero cuando los patrones son para prendas disponibles en diferentes tallas, el número de ovillos que se necesita para cada talla aparecerá indicado. En la lista de materiales también se indica el tamaño de la aguja o agujas de ganchillo requeridos, que puede ser uno o más de uno, además de cerramientos, como botones y cremalleras, o adornos, si los hay.

Tensión

La tensión indica cuántos puntos e hileras debe haber en una pieza de ganchillo de unas determinadas medidas, por lo general 10 cm cuadrados. Es preciso que la tensión sea correcta con el fin de lograr las dimensiones exactas que se indican en el patrón (*véase* página 41 para más información). Lograr una tensión exacta es menos crucial para una colcha o un cojín que para una prenda, en la que una tensión distinta no solo afectará a sus dimensiones, sino que además modificará la cantidad de hilo que se necesitará para completar el proyecto.

Instrucciones de los patrones

Los patrones de ganchillo se dan por escrito o mediante un diagrama de símbolos. A veces, este último reemplaza a la palabra escrita por completo o se da junto con las instrucciones. El patrón detalla los elementos individuales del proyecto, dando todas las instrucciones necesarias para cada parte. Comienza con el tamaño de la aguja, el color –o colores– del hilo utilizado, y el número de cadenetas para la hilera o el anillo base. El patrón continúa detallando, hilera a hilera o vuelta a vuelta, el patrón de puntos que hay que seguir e indica cuándo hacer una forma con volumen u otros detalles, como ojales. Siga las instrucciones para cada hilera o vuelta, prestando especial atención a las cadenetas de giro.

Abreviaturas

Los nombres de los puntos y las instrucciones están abreviados, porque de otro modo los patrones serían demasiado largos y demasiado difíciles de seguir. La lista de abreviaturas se da al comienzo del patrón; asegúrese de que las entiende todas. Puede llevar cierto tiempo familiarizarse con el lenguaje de los patrones de ganchillo, por lo que en la página siguiente encontrará una lista de las abreviaturas y los símbolos más utilizados.

Paréntesis

Cuando siga un patrón, necesitará conocer los diferentes usos de los paréntesis ( ) y de los corchetes [ ]. Los primeros se utilizan para contener instrucciones o aclaraciones adicionales, como «3 cad. (cuenta como el primer p.a.d.)». Los corchetes se utilizan cuando se deben repetir unas instrucciones un determinado número de veces; por ejemplo, «[1 p.a.d. en cada uno de los siguientes 2 p., 4 cad.] 3 veces».

Asteriscos

Los asteriscos se utilizan para que los patrones sean más breves y se colocan al comienzo de las instrucciones que deben repetirse. El asterisco simple marca el comienzo de la secuencia de repetición del patrón. Por ejemplo. «*2 cad., saltar 2 cad., 1 p.a.d. en la siguiente cad.; rep. desde * hasta el extremo». El asterisco doble indica una repetición dentro de una serie de instrucciones.

Abreviaturas

A continuación encontrará una lista de las abreviaturas más utilizadas en los patrones de ganchillo. Además, puede que se incluyan abreviaturas especiales al inicio de un patrón, como las instrucciones para un punto específico, que no están incluidas necesariamente en esta lista.

alt	alternar
aprox.	aproximadamente
aum.	aumentar, aumento
cad.	cadeneta(s)
cad. gir.	cadeneta de giro
CC	color contrastante
cm	centímetro(s)
com.	comienzo
cont.	continuar
CP	color principal
esp.	espacio(s)
g	gramo(s)
gr.	grupo(s)
e.h.a.a.	envolver el hilo alrededor de la aguja
j.	juntos
l.	lazada
LD	lado del derecho
LR	lado del revés
m	metro(s)
meng.	menguar, menguado
mm	milímetro(s)
p.	punto(s)
pat.	patrón/patrones
p.a.	punto(s) alto(s)
p.a.d.	punto(s) alto(s) doble(s)
p.a.d.t.	punto(s) alto(s) doble(s) triple(s)
p.a.t.	punto(s) alto(s) triple(s)
p.m.a.d.	punto(s) medio(s) alto(s) doble(s)
pa's cerr	puntos altos cerrados en un mismo punto (punto racimo)
pr	punto raso
rep.	repetir
rest.	restante(s)
sig	siguiente
v	vuelta(s)
[ ]	hacer las instrucciones que aparecen dentro de los paréntesis cuadrados tantas veces como se indique
( )	contiene instrucciones adicionales o aclaraciones

Símbolos

Cada vez más, los patrones de ganchillo se formulan en forma de diagramas compuestos por una serie de símbolos. Aunque puede llevar cierto tiempo familiarizarse con este método, una vez dominado proporciona una impresión visual inmediata del aspecto que tendrá la pieza de ganchillo.

Puntos básicos

- • punto raso
- ○ cadeneta
- + punto alto
- ⊤ punto medio alto doble
- ⊤ punto alto doble

ϟ punto alto triple

ϟ punto alto doble triple

Punto de conchas
A veces los símbolos están agrupados en figuras en «V»; esto indica el número de puntos que se deben hacer en el mismo punto o espacio.

 Concha de 3 puntos altos dobles (hechos en el mismo espacio)

 Concha de 5 puntos altos dobles (hechos en el mismo punto)

Punto borla, punto racimo (puntos altos cerrados en un mismo punto), punto bodoque y punto hinchado
Los símbolos para estos puntos a menudo se asemejan.

 puntos borla

 puntos racimo (puntos altos cerrados en un mismo punto)

 puntos bodoque

 puntos hinchados

Otros símbolos especiales

 Punto alto doble alrededor del punto de base hecho desde el frente

Punto alto doble alrededor del punto de base hecho desde atrás

2 puntos altos dobles juntos

galería
de puntos

puntos básicos

punto alto
– es el punto más básico y, probablemente, mi favorito.
– crea un tejido firme y plano;
– es versátil y reversible;
– es idóneo para artículos del hogar.

Hacer cualquier número de cad. para la cadeneta base.

Hilera 1 1 p.a. en la 2.ª cad. desde la aguja, 1 p.a. en cada una de las cad. restantes hasta el extremo, girar.
Hilera 2 1 cad. (NO cuenta como punto), 1 p.a. en cada p.a. hasta el extremo, girar. Rep. la hilera 2 para formar tejido de p.a.

Hacer cualquier número de cad. para la cadeneta base.

Hilera 1 1 p.m.a.d. en la 3.ª cad. desde la aguja, 1 p.m.a.d. en cada una de las cad. restantes hasta el extremo, girar.
Hilera 2 2 cad. (cuenta como p.m.a.d.), saltar el primer p.m.a.d. en la hilera de abajo, *1 p.m.a.d. en el siguiente p.m.a.d.; rep. desde * hasta el extremo, hacer el último p.m.a.d. en la parte superior de las 2 cad. en el extremo, girar. Rep. la hilera 2 para formar tejido de p.m.a.d.

Punto medio alto doble
– es un punto básico y muy gratificante del ganchillo;
– es ideal para cuando se necesita un tejido más fluido;
– es menos compacto que el punto alto.

Punto alto doble

– el tejido crece muy rápidamente con este punto;
– es ideal para combinar con otros puntos.

Hacer cualquier número de cad. para la cadeneta base.

Hilera 1 1 p.a.d. en la 4.ª cad. desde la aguja, 1 p.a.d. en cada una de las cad. restantes hasta el extremo, girar.
Hilera 2 3 cad. (cuenta como el primer p.a.d.), saltar el primer p.a.d. en la hilera de abajo, *1 p.a.d. en el siguiente p.a.d.; rep. desde * hasta el extremo, hacer el último p.a.d. en la parte superior de las 3 cad. en el extremo, girar.
Rep. la hilera 2 para formar tejido de p.a.d.

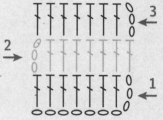

Punto alto triple

– una variante muy larga del punto básico de ganchillo;
– es un punto muy decorativo.

Hacer cualquier número de cad. para la cadeneta base.

Hilera 1 1 p.a.t. en la 5.ª cad. desde la aguja, 1 p.a.t. en cada una de las cad. restantes hasta el extremo, girar.
Hilera 2 4 cad. (cuenta como el primer p.a.t.), saltar el primer p.a.t. en la hilera de abajo, *1 p.a.t. en el siguiente p.a.t.; rep. desde * hasta el extremo, hacer el último p.a.t. en la parte superior de las 4 cad. en el extremo, girar.
Rep. la hilera 2 para formar tejido de p.a.t.

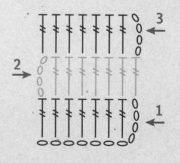

puntos texturados

Hacer un número uniforme de cad. para la cadeneta base.

Hilera 1 1 p.a. en la 2.ª cad. desde la aguja, *1 cad., saltar 1 cad., 1 p.a. en la siguiente cad.; rep. desde * al extremo, girar.
Hilera 2 1 cad. (NO cuenta como punto), 1 p.a. en el primer p.a., 1 p.a. en el siguiente esp. de 1 cad., *1 cad., 1 p.a. en el siguiente esp. de 1 cad.; rep. desde * hasta el último p.a., 1 p.a. en el último p.a., girar
Hilera 3 1 cad. (NO cuenta como punto), 1 p.a. en el primer p.a., *1 cad., 1 p.a. en el siguiente esp. de 1 cad.; rep. desde * hasta los últimos 2 p.a., 1 cad., saltar 1 p.a., 1 p.a. en el último p.a., girar. Rep. las hileras 2 y 3 para formar un motivo.

Punto entretejido

– uno de mis puntos favoritos;
– posee una bella y discreta textura;
– resulta rústico cuando se hace con hilo de tweed.

Hacer un número uniforme de cad. para la cadeneta base.

Hilera 1 2 p.a. en la 4.ª cad. desde la aguja, *saltar 1 cad., 2 p.a. en la siguiente cad.; rep. desde * hasta el extremo, girar.
Hilera 2 2 cad., saltar el primer p.a., 2 p.a. en el siguiente p.a., *saltar el siguiente p.a., 2 p.a. en el siguiente p.a.; rep. desde * hasta el extremo, girar. Rep. la hilera 2 para formar un motivo.

Punto alternado

– es un punto bonito y muy fácil de hacer;
– crea un tejido firme y compacto;
– se realiza haciendo dos puntos altos cada dos puntos.

Punto cuerda

- todo un clásico en mis libros;
- muy apropiado para las mantitas de bebé;
- la construcción celular de este punto proporciona calidez y comodidad.

Hacer un múltiplo de 3 cad. para la cadeneta base.

Hilera 1 1 p.a.d. en la 4.ª cad. desde la aguja, 1 cad., 1 p.a.d. en la siguiente cad., *saltar 1 cad., 1 p.a.d. en la siguiente cad., 1 cad., 1 p.a.d. en la siguiente cad.; rep. desde * hasta la última cad., 1 p.a.d. en la última cad. en el extremo, girar.

Hilera 2 3 cad. (cuenta como el primer p.a.d.), hacer [1 p.a.d., 1 cad., 1 p.a.d.] todos en cada uno de los esp. de 1 cad. hasta el extremo de la hilera, 1 p.a.d. en la parte superior de las 3 cad. en el extremo, girar.

Rep. la hilera 2 para formar un motivo.

Nota: Este punto se utiliza para la colcha texturada de las páginas 72-75.

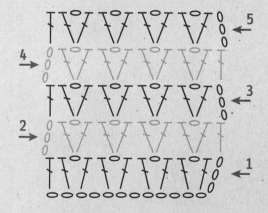

Hacer un múltiplo de 8 cad., más 4 adicionales, para la cadeneta base.

Hilera base (LR) 1 p.a.d. en la 4.ª cad. desde la aguja, 1 p.a.d. en cada una de las cad. restantes hasta el extremo, girar.

Hilera 1 (LD) 2 cad. (cuenta como el primer p.a.d.), saltar el primer p.a.d., *[1 p.a.d. alrededor del punto de base del siguiente p.a.d. desde el frente] 4 veces, [1 p.a.d. alrededor de cada punto de base del siguiente p.a.d. desde atrás] 4 veces; rep. desde * hasta el extremo, 1 p.a.d. en la parte superior de la cad. gir. en el extremo, girar.

Hileras 2, 3 y 4 [Rep. la hilera 2] 3 veces.

Hilera 5 2 cad. (cuenta como el primer p.a.d.), saltar el primer p.a.d., *[1 p.a.d. alrededor del punto de base del siguiente p.a.d. desde atrás] 4 veces, [1 p.a.d. alrededor del siguiente p.a.d. desde el frente] 4 veces; rep. desde * hasta el extremo, 1 p.a.d. en la parte superior de la cad. gir. en el extremo, girar.

Hileras 6, 7 y 8 [Rep. la hilera 5] 3 veces.
Rep. las hileras 1-8 para formar un motivo.

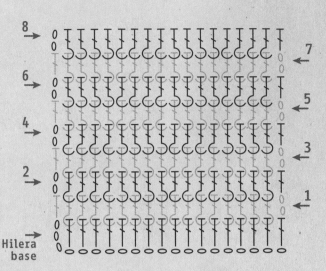

Nota: Para hacer un punto alto doble alrededor del punto de base, envolver el hilo alrededor de la aguja y, a continuación, introducir la aguja (desde el frente o desde atrás) en la pieza de ganchillo entre los puntos en la hilera de abajo y sacarla (desde el frente o desde atrás) alrededor del punto para completar el punto alto doble.

Punto damero

– *es un punto muy popular.*
– *se puede hacer con hilos extragruesos para crear texturas de ganchillo muy extremas.*

Punto de borla suave

- las borlas crean bellos puntos redondeados a la vez que planos;
- es idéntico en ambos lados, por lo que es reversible;
- es perfecto para artículos del hogar o accesorios.

Punto concha ondulada

- un hermoso punto asimétrico;
- es rústico a la vez que veraniego;
- es especialmente hermoso cuando se hace con hilo de lino.

puntos racimo y puntos de conchas

Hacer un múltiplo de 2 cad. para la cadeneta base.

1 punto borla = [e.h.a.a. e introducir la aguja en el punto, e.h.a.a. y pasar una lazada por el punto, e.h.a.a. y pasar una lazada por los 2 primeros lazos en la aguja] 3 veces en el mismo punto, e.h.a.a. y pasar una lazada por los 4 lazos en la aguja.

Hilera 1 1 punto borla en la 4.ª cad. desde la aguja, 1 cad., *saltar 1 cad., 1 punto borla en a siguiente cad.; rep. desde * hasta el extremo, girar.
Hilera 2 3 cad., *1 punto borla en el siguiente esp. de 1 cad., 1 cad.; rep. desde * hasta el extremo, 1 punto borla en la parte superior de la cad. gir., girar.
Rep. la hilera 2 para formar un motivo.

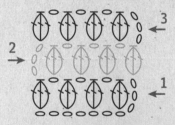

Hacer un múltiplo de 3 cad. para la cadeneta base.

Hilera 1 2 p.a.d. en la 3.ª cad. desde la aguja, * saltar 2 cad. hacer [1 p.a., 2 p.a.d.] todos en la siguiente cad.; rep. desde * hasta las últimas 3 cad., saltar 2 cad., 1 p.a. en la última cad., girar.
Hilera 2 2 cad., 2 p.a.d. en el primer p.a., *hacer [1 p.a., 2 p.a.d.] todos en el siguiente p.a.; rep. desde * hasta el extremo, 1 p.a. en la cad. gir., girar.
Rep. la hilera 2 para formar un motivo.

Punto de encaje hinchado

- *mi punto favorito de todos;*
- *la utilización de un hilo suave realza este punto;*
- *parece un punto complicado, cuando en realidad es muy fácil de hacer.*

Hacer un múltiplo de 6 cad., más 5 adicionales, para la cadeneta base.

1 punto hinchado = [e.h.a.a., introducir la aguja en el punto y pasar una lazada larga por el punto] 4 veces en el mismo punto, e.h.a.a. y pasar una lazada por los 9 lazos en la aguja.

Hilera 1 Hacer [1 p.a.d., 2 cad., 1 p.a.d.] todos en la 4.ª cad. desde la aguja, *saltar 2 cad., 1 punto hinchado en la siguiente cad., 1 cad. (esta cadeneta cierra el punto hinchado), saltar 2 cad., hacer [1 p.a.d., 2 cad., 1 p.a.d.] todos en la siguiente cad.; rep. desde * hasta la última cad., 1 p.a.d. en la última cad., girar.

Hilera 2 3 cad., 1 punto hinchado en el primer esp. de 2 cad. (entre 2 p.a.d.), 1 cad., *hacer [1 p.a.d., 2 cad., 1 p.a.d.] todos en la parte superior del punto hinchado (debajo del lazo que cierra el punto hinchado), 1 punto hinchado en el siguiente esp. de 2 cad., 1 cad.; rep. desde * hasta el extremo, 1 p.a.d. en el esp. de las 3 cad. en el extremo de la hilera, girar.

Hilera 3 3 cad., hacer [1 p.a.d., 2 cad., 1 p.a.d.] todos en la parte superior del primer punto hinchado, *1 punto hinchado en el siguiente esp. de 2 cad., 1 cad., hacer [1 p.a.d., 2 cad., 1 p.a.d.] todos en la parte superior del siguiente punto hinchado; rep. desde * hasta el extremo, 1 p.a.d. en el esp. de las 3 cad. en el extremo de la hilera, girar. Rep. las hileras 2, 3 para formar un motivo.

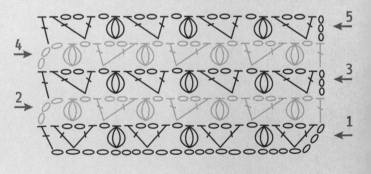

Nota: Este punto se utiliza para la bufanda tubular clásica de las páginas 84-87.

Hacer un múltiplo de 10 cad., más 7 adicionales, para la cadeneta base.

1 punto racimo (puntos altos cerrados en un mismo punto) = [e.h.a.a., introducir la aguja en el siguiente punto, e.h.a.a. y pasar una lazada por el punto, e.h.a.a. y pasar una lazada por los 2 primeros lazos en la aguja] en el número de p. indicados, e.h.a.a. y pasar una lazada por todos los lazos en la aguja para completar el punto racimo.

Hilera 1 1 p.a. en la 2.ª cad. desde la aguja, 1 p.a. en la siguiente cad., *saltar 3 cad., 7 p.a.d. en la siguiente cad. (estos 7 p.a.d. en la misma cadeneta forman una concha de 7 p.a.d.), saltar 3 cad., 1 p.a. en cada una de las siguientes 3 cad.; rep. desde * hasta las últimas 4 cad., saltar 3 cad., 4 p.a.d. en la última cad., girar.

Hilera 2 1 cad., 1 p.a. en cada uno de los primeros 2 p.a.d., *3 cad., 1 punto racimo en los siguientes 7 p. (o sea, en los siguientes 2 p.a.d., 3 p.a., 2 p.a.d.), 3 cad., 1 p.a. en cada uno de los siguientes 3 p.a.d. (estos 3 p.a.d. son los 3 p. centrales de la concha de 7 p.a.d.); rep. desde * hasta los últimos 4 p. (los restantes 2 p.a.d. y 2 p.a.), acabando con 3 cad., 1 punto racimo en estos últimos 4 p., girar.

Hilera 3 3 cad. (cuenta como el primer p.a.d.), 3 p.a.d. en la parte superior del primer punto racimo de 4 p.a.d. (debajo del lazo que cerraba el punto racimo), *saltar el esp. de 3 cad., 1 p.a. en cada uno de los siguientes 3 p.a., saltar el esp. de 3 cad., 7 p.a.d. en la parte superior del siguiente punto racimo (debajo del lazo que cerraba el punto racimo); rep. desde * hasta el último esp. de 3 cad., acabando con saltarse el esp. de 3 cad., 1 p.a. en cada uno de los últimos 2 p.a., girar.

Hilera 4 3 cad. (cuenta como el primer p.a.d.), saltar el primer p.a., 1 punto racimo en los siguientes 3 p. (o sea, en los siguientes 1 p.a., 2 p.a.d.), *3 cad., 1 p.a. en cada uno de los siguientes 3 p.a.d. (estos 3 p.a.d. son los 3 p. centrales de la concha de 7 p.a.d.), 3 cad., 1 punto racimo en los siguientes 7 p. (o sea, en los siguientes 2 p.a.d., 3 p.a., 2 p.a.d.); rep. desde * hasta el último p.a.d., acabando con 3 cad., 1 p.a. en el último p.a.d., 1 p.a. en la parte superior de las 3 cad. en el extremo de la hilera, girar.

Hilera 5 1 cad., 1 p.a. en cada uno de los primeros 2 p.a. *saltar el esp. de 3 cad., 7 p.a.d. en la parte superior del siguiente punto racimo, saltar el esp. de 3 cad., 1 p.a. en cada uno de los siguientes 3 p.a.; rep. desde * hasta el último esp. de 3 cad., acabando con saltarse el esp. de 3 cad., 4 p.a.d. en la parte superior de las 3 cad. en el extremo de la hilera, girar.

Rep. las hileras 2-5 para formar un motivo.

Nota: Este punto reversible se utiliza para la almohada cilíndrica bicolor de las páginas 108-111: *Véase* página 111 para el diagrama del punto.

Punto rueda

– este punto crea un tejido exquisitamente decorativo;
– resulta muy interesante cuando se hace con dos o incluso tres colores

Cuadrado
de punto alto doble

- un motivo de color sólido, sencillo
 y fácil de aprender;
- textura suave y minimalista, idónea
 para colchas sobrias.

Anillo base Hacer 4 cad. y unirlas con un punto raso a la primera cadeneta para formar un anillo.
Vuelta 1 (LD) 5 cad. (cuenta como 1 p.a.d. y el esp. de 2 cad.), [3 p.a.d. en el anillo, 2 cad.] 3 veces, 2 p.a.d. en el anillo, unir con un punto raso a la 3.ª cad. de las 5 cad. al principio de la vuelta. *3 p.a.d. a lo largo de cada lado del cuadrado.*
Nota: No girar en el extremo de las vueltas, sino continuar con el LD del motivo siempre hacia arriba.
Vuelta 2 1 punto raso en el primer esp., 7 cad. (cuenta como 1 p.a.d. y el esp. de 4 cad.), 2 p.a.d. en el mismo esp., *1 p.a.d. en cada p.a.d. hasta el siguiente esp., hacer [2 p.a.d., 4 cad., 2 p.a.d.] todos en el siguiente esp.; rep. desde * 2 veces más, 1 p.a.d. en cada p.a.d. hasta el siguiente esp., 1 p.a.d. en el mismo esp. de 7 cad., unir con un punto raso a la 3.ª cad. de las 7 cad. al principio de la vuelta. *7 p.a.d. a lo largo de cada lado del cuadrado.*
Vuelta 3 Rep. la vuelta 2. *11 p.a.d. a lo largo de cada lado del cuadrado.*
Vuelta 4 Rep. la vuelta 2. *15 p.a.d. a lo largo de cada lado del cuadrado.*
Rematar.

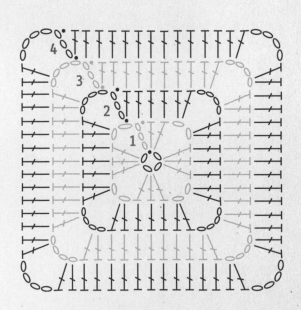

Este motivo se hace en 3 colores; A, B y C.

Anillo base Utilizando A, hacer 6 cad. y unirlas con un punto raso a la primera cadeneta para formar un anillo.

Vuelta 1 (LD) Utilizando A, 3 cad. (cuenta como el primer p.a.d.), 2 p.a.d. en el anillo, [3 cad., 3 p.a.d. en el anillo] 3 veces, 3 cad., unir con un punto raso a la parte superior de las 3 cad. al principio de la vuelta. Rematar.

Nota: No girar en el extremo de las vueltas, sino continuar con el LD del motivo siempre hacia arriba.

Vuelta 2 Utilizando B, unir el hilo con un punto raso a cualquier esp. de 3 cad., 3 cad. (cuenta como el primer p.a.d.), [2 p.a.d., 3 cad., 3 p.a.d.] en el mismo esp. de 3 cad., *1 cad., [3 p.a.d., 3 cad., 3 p.a.d.] en el siguiente esp. de 3 cad.; rep. desde * 2 veces más, 1 cad., unir con un punto raso a la parte superior de las 3 cad. al principio de la vuelta. Rematar.

Vuelta 3 Utilizando C, unir el hilo con un punto raso a cualquier esp. de 3 cad., 3 cad., [2 p.a.d., 3 cad., 3 p.a.d.] en el mismo esp. de 3 cad., *1 cad., 3 p.a.d. en el siguiente esp. de 1 cad., 1 cad., [3 p.a.d., 3 cad., 3 p.a.d.] en el siguiente esp. de 3 cad.; rep. desde * 2 veces más, 1 cad., 3 p.a.d. en el siguiente esp. de 1 cad., 1 cad., unir con un punto raso a la parte superior de las 3 cad. al principio de la vuelta. Rematar.

Vuelta 4 Utilizando A, unir el hilo con un punto raso a cualquier esp. de 3 cad., 3 cad., [2 p.a.d., 3 cad., 3 p.a.d.] en el mismo esp. de 3 cad., *[1 cad.,

3 p.a.d. en el siguiente esp. de 1 cad.] 2 veces, 1 cad., [3 p.a.d., 3 cad., 3 p.a.d.] en el siguiente esp. de 3 cad.; rep. desde * dos veces más, [1 cad., 3 p.a.d. en el siguiente esp. de 1 cad.] 2 veces, 1 cad., unir con un punto raso a la parte superior de las 3 cad. al principio. Rematar.

Nota: Este motivo se utiliza para el centro de la colcha de algodón con un motivo tradicional de las páginas 112-115. Se suele hacer en lana y en ocasiones con esquinas de 2 cadenetas en lugar de 3.

Cuadrado tradicional

– *un motivo de ganchillo intemporal;*
– *sus posibilidades de combinación de colores son ilimitadas;*
– *el efecto es el mismo si se hace con lana como con algodón.*

Hexágono

– bonito motivo para una colcha o un cubrecama de retales;
– sujetar con alfileres los motivos acabados por las seis esquinas y plancharlos al vapor con cuidado afinando los bordes.

Este motivo se hace en 2 colores: A y B.

Anillo base Utilizando A, hacer 4 cad. y unirlas con un punto raso a la primera cadeneta para formar un anillo.

Vuelta 1 (LD) 3 cad. (cuenta como el primer p.a.d.), 1 p.a.d. en el anillo, [1 cad., 2 p.a.d. en el anillo] 5 veces, 1 cad., unir con un punto raso a la parte superior de las 3 cad. al principio de la hilera.

Nota: No girar en el extremo de las vueltas, sino continuar con el LD del motivo siempre hacia arriba.

Vuelta 2 1 punto raso en el primer p.a.d., 1 punto raso en la siguiente cad., 3 cad. (cuenta como el primer p.a.d.), *1 p.a.d. en cada uno de los siguientes 2 p.a.d., hacer [1 p.a.d., 1 cad., 1 p.a.d.] en el siguiente esp. de 1 cad.; rep. desde * 4 veces más, 1 p.a.d. en cada uno de los siguientes 2 p.a.d., 1 p.a.d. en el último esp. de 1 cad., 1 cad., unir con un punto raso a la parte superior de las 3 cad. al principio de la vuelta.

Vuelta 3 Utilizando B, 3 cad. (cuenta como el primer p.a.d.), 1 p.a.d. en cada p.a.d. hasta el primer esp. de 1 cad., hacer [1 p.a.d., 1 cad., 1 p.a.d.] en el primer esp. de 1 cad., *1 p.a.d. en cada p.a.d. hasta el siguiente esp. de 1 cad., hacer [1 p.a.d., 1 cad., 1 p.a.d.] en el siguiente esp. de 1 cad.; rep. desde * hasta el extremo, unir con un punto raso a la parte superior de las 3 cad. al principio de la vuelta.

Vueltas 4 y 5 [Rep. la vuelta 3] 2 veces. Rematar.

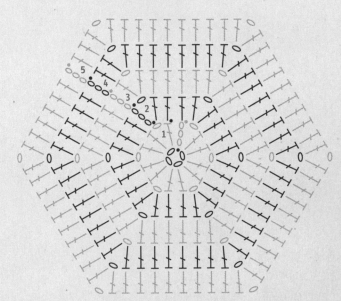

Círculo estrellado

– se hace fácilmente
con solo cuatro vueltas;
– tiene una atractiva forma
de estrella en el centro que resalta
los tres colores contrastantes;
– forma simple perfecta para
posavasos.

Este motivo se hace en 3 colores: A, B y C.

Anillo base Utilizando A, hacer 6 cad. y unirlas con un punto raso a la primera cadeneta para formar un anillo.

Vuelta (LD) 4 cad. (cuenta como el primer p.a.t.), 2 p.a.t. en el anillo, [1 cad., 3 p.a.t. en el anillo] 5 veces, 1 cad., unir con un punto raso a la parte superior de las 4 cad. al principio de la hilera, girar.

Vuelta 2 (LR) 1 cad., [1 p.a. en el siguiente esp. de 1 cad., 6 cad.] 6 veces, unir con un punto raso al primer p.a. Rematar.

Vuelta 3 (LR) Con el LR hacia arriba, unir B con un punto raso a un esp. de 7 cad., 2 cad., hacer [1 p.m.a.d., 2 p.a.d., 3 p.a.t., 2 p.a.d., 1 p.m.a.d.] en cada espacio de 7 cad. hasta el extremo, unir con un punto raso al primer p.m.a.d., girar. *6 pétalos.* Rematar.

Vuelta 4 (LD) Con el LD hacia arriba, unir C al primer p.m.a.d. de un pétalo, 4 cad. (cuenta como el primer p.a.t.), *1 p.a.d. en cada uno de los siguientes 2 p.a.d., 1 p.m.a.d. en cada uno de los siguientes 3 p.a.t., 1 p.a.d. en cada uno de los siguientes 2 p.a.d., 1 p.a.t. en cada uno de los siguientes 2 p.m.a.d.; rep. desde * hasta el extremo, pero omitiendo el último p.m.a.d. al final de la última repetición, unir con un punto raso a la parte superior de las 4 cad. al principio de la vuelta. Rematar.

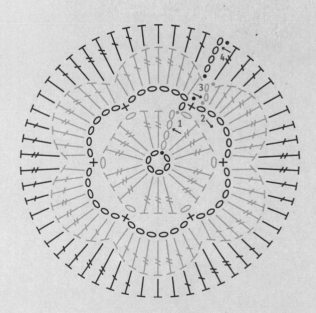

talleres de
proyectos

Paño de cocina sencillo

Un proyecto sencillo a la vez que práctico para iniciarse en el ganchillo. Tejer este paño es la manera ideal de practicar el punto básico del ganchillo, el punto alto. El paño se hace en este último y las rayas superficiales contrastantes se agregan en la superficie de la pieza con punto raso, una forma muy sencilla de bordado en ganchillo.

Nivel de habilidad

PRINCIPIANTE

En este proyecto aprenderemos

A practicar el punto alto.
A hacer bordado de superficie con punto raso.

Puntos utilizados

Punto alto; punto raso superficial.

Tamaño

Unos 25 x 30 cm.

Materiales

Rowan Handknit Cotton, hilo de algodón ligero, en 2 colores:
    A 2 ovillos de 50 g en color marrón topo (253 Tope).
    B 1 ovillo de 50 g en color verde (344 Pesto).
Aguja de ganchillo de 5 mm.

Tensión

14 p.a. y 19 hileras en 10 cm medidos sobre punto alto con una aguja de 5 mm.

Abreviaturas

Véase página 45.

Para hacer el paño de cocina

Cadeneta base Con una aguja de 5 mm y A, hacer 36 cad.
Hilera 1 1 p.a. en la 2.ª cad. desde la aguja, 1 p.a. en cada una de las cad. restantes hasta el extremo, girar. *35 p.*

Hilera 2 1 cad. (NO cuenta como punto), 1 p.a. en cada p.a. hasta el extremo, girar. *35 p.*
Repetir la hilera 2 hasta que la pieza mida 30 cm (aproximadamente 56 hileras).
Rematar.

Para el acabado

Esconder los cabos sueltos.
Colocar plana la pieza de ganchillo y plancharla al vapor por el lado del revés.

Lección magistral

Agregar rayas superficiales

Primera raya Tejer la primera raya con puntos rasos de superficie entre las hileras 2 y 3 desde el borde inferior del paño como sigue: con una aguja de 5 mm y B, hacer un nudo corredizo. Retirar la aguja de este último y, a continuación, introducirla en el paño de cocina desde el lado del derecho de la pieza en el último punto antes de llegar al borde, recoger el nudo corredizo y sacarlo al lado del derecho. Manteniendo el hilo en el lado del revés de la pieza, *introducir la aguja en el paño entre los 2 siguientes puntos, envolver el hilo alrededor de la aguja en la parte trasera de la pieza y pasar el hilo por el paño y por el lazo en la aguja en un solo movimiento. Repetir desde * en todo el ancho del paño, acabando en el último punto antes de llegar al borde. Rematar. *Segunda raya* Tejer la segunda raya igual que la primera, pero entre las hileras 3, 4 desde el borde superior del paño de cocina. *Tercera raya* Tejer la tercera raya igual que la primera, pero entre las hileras 5 y 6 desde el borde superior del paño de cocina.

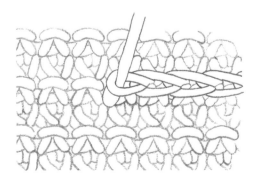

Cojines de rayas

Una sencilla funda de cojín cuadrado hecha con punto alto y punto alto doble, y tejida con rayas de diferentes anchos y colores. La parte posterior del cojín es de tela de pana suave, pero también se puede tejer en ganchillo.

Nivel de habilidad

PRINCIPIANTE

En este proyecto aprenderemos

A practicar el punto alto y el punto alto doble.
A hacer punto alto sobre puntos altos dobles.
A hacer puntos altos dobles sobre puntos altos.
A agregar nuevos colores para las rayas (*véase* la lección magistral en la página 67).

Puntos utilizados

Punto alto; punto alto doble.

Tamaño

Tamaño del cojín acabado
Unos 40 cm cuadrados.
Tamaño real de la parte frontal del cojín tejida a ganchillo
Unos 40 cm x 40 cm.

Materiales

Rayas para el cojín 1 (rayas básicamente en tonos neutros)

Rowan Lenpur Linen, hilo de lino ligero, o cualquier hilo de peso ligero estándar, en 6 colores:

>   A 1 ovillo de 50 g en color castaño oscuro (570 Pueblo);
>   B 1 ovillo de 50 g en color crudo (571 Blanch);
>   C 1 ovillo de 50 g en color marrón topo (566 Tattoo);
>   D 1 ovillo de 50 g en color beige claro (572 Rye);
>   E 1 ovillo de 50 g en color verde lima (564 Zest);
>   F 1 ovillo de 50 g en color rosa vivo (563 Vivid).

Rayas para el cojín 2 (todas rayas de colores)

Rowan Lenpur Linen, hilo de lino ligero, o cualquier hilo de peso ligero estándar, en 9 colores:

>   A 1 ovillo de 50 g en color castaño oscuro (570 Pueblo);
>   B 1 ovillo de 50 g en color crudo (571 Blanch);
>   C 1 ovillo de 50 g en color marrón topo (566 Tattoo);
>   D 1 ovillo de 50 g en color beige claro (572 Rye);
>   E 1 ovillo de 50 g en color verde lima (564 Zest);
>   F 1 ovillo de 50 g en color rosa vivo (563 Vivid);
>   G 1 ovillo de 50 g en color morado (568 Incense);
>   H 1 ovillo de 50 g en color verde (569 Jungle);
>   J 1 ovillo de 50 g en color turquesa (565 Lagoon).

Para ambos cojines

Aguja de ganchillo de 3,5 mm.
Cuadrado de tela de 43 cm para la parte posterior del cojín, de pana ligera o de lino, e hilo a juego.
Relleno de cojín de plumas del tamaño adecuado para la funda de cojín acabada.

Tensión

17 puntos y 10 hileras en 10 cm medidos sobre punto alto doble con una aguja de 3,5 mm.

Abreviaturas

Véase página 45.

Nota especial sobre el patrón

Preste especial atención a cómo tejer punto alto en una hilera de puntos altos dobles (como en la hilera 5 de las rayas para el cojín 1 o la hilera 3 de las rayas para el cojín 2) y también a cómo tejer puntos altos dobles en una hilera de puntos altos (como en la hilera 7 de las rayas para el cojín 1 o la hilera 4 de las rayas para el cojín 2).

Hileras 18 y 19 Utilizando D, tejer en p.a.d.
Hilera 20 Utilizando B, tejer en p.a.
Hilera 21 Utilizando B, tejer en p.a.d.
Hilera 22 Utilizando D, tejer en p.a.d.
Hileras 23, 24, 25 y 26 Utilizando C, tejer en p.a.d.
Hilera 27 Utilizando C, tejer en p.a.
Hilera 28 Utilizando E, tejer en p.a.
Hilera 29 Utilizando E, tejer en p.a.d.
Hilera 30 Utilizando C, tejer en p.a.
Hilera 31 Utilizando A, tejer en p.a.d.
Hilera 32 Utilizando A, tejer en p.a.
Hileras 33, 34 y 35 Utilizando C, tejer en p.a.d.
Hilera 36 Utilizando B, tejer en p.a.d.
Hileras 37 y 38 Utilizando D, tejer en p.a.d.
Hilera 39 Utilizando F, tejer en p.a.d.
Hileras 40 y 41 Utilizando D, tejer en p.a.d.
Hilera 42 Utilizando C, tejer en p.a.d.
Hileras 43 y 44 Utilizando D, tejer en p.a.d.
Hilera 45 Utilizando C, tejer en p.a.
Hileras 46 y 47 Utilizando D, tejer en p.a.d.
Rematar.

Se hace una cadeneta al principio de cada hilera de punto alto, aunque NO cuenta como punto; se hacen tres cadenetas al principio de cada hilera de punto alto doble, y estas SÍ cuentan como punto. Cuente los puntos a menudo para asegurarse de que siempre haya 68 puntos en cada hilera.

Para hacer la parte frontal del cojín de rayas 1

Cadeneta base Con una aguja de 3,5 mm y A, hacer 70 cad.
Hilera 1 1 p.a.d. en la 4..ª cad. desde la aguja, 1 p.a.d. en cada una de las cad. restantes hasta el extremo, girar. *68 p.*
Hilera 2 3 cad. (cuenta como el primer p.a.d.), saltar el primer p.a.d. en la hilera de debajo, *1 p.a.d. en el siguiente p.a.d.; rep. desde * hasta el extremo, a continuación hacer el último p.a.d. en la parte superior de las 3 cad. en el extremo, girar.
Hileras 3 y 4 Utilizando B, [rep. la 2.ª hilera] 2 veces.
Hilera 5 Utilizando B, 1 cad. (NO cuenta como punto), 1 p.a. en cada p.a.d. hasta el extremo y, a continuación, hacer el último p.a. en la parte superior de las 3 cad. en el extremo, girar. *68 p.*
Hilera 6 Utilizando C, 1 cad. (NO cuenta como punto), 1 p.a. en cada p.a. hasta el extremo, girar.
Hilera 7 Utilizando B, 3 cad. (cuenta como primer p.a.d.), saltar primer p.a. en la hilera de abajo, *1 p.a.d. en el siguiente p.a.; rep. desde * hasta el extremo, girar. *68 p.*
Hilera 8 Utilizando C, tejer en p.a. (al tejer p.a. en una hilera de p.a.d., hacer como en la hilera 5).
Hilera 9 Utilizando D, tejer en p.a.d. (al tejer p.a.d. en una hilera de p.a., hacer como en la hilera 7)
Hilera 10 Utilizando C, tejer en p.a. (como en la hilera 5)
Hileras 11, 12 y 13 Utilizando D, tejer en p.a.d.
Hilera 14 Utilizando D, tejer en p.a.
Hileras 15, 16 y 17 Utilizando A, tejer en p.a.d.

Para hacer la parte frontal del cojín de rayas 2

Cadeneta base Con una aguja de 3,5 mm y B, hacer 70 cad.
Hilera 1 1 p.a.d. en la 4.ª cad. desde la aguja, 1 p.a.d. en cada una de las cad. restantes hasta el extremo, girar. *68 p.*
Hilera 2 Utilizando G, 3 cad. (cuenta como primer p.a.d.), saltar el primer p.a.d. en la hilera de abajo, *1 p.a.d. en el siguiente p.a.d.; rep. desde * hasta el extremo y, a continuación, hacer el último p.a.d. en la parte superior de las 3 cad. en el extremo, girar.
Hilera 3 Utilizando G, 1 cad. (NO cuenta como punto), 1 p.a. en cada p.a.d. hasta el extremo y, a continuación, hacer la última p.a. en la parte superior de las 3 cad. en el extremo, girar, *68 p.*
Hilera 4 Utilizando D, 3 cad. (cuenta como el primer p.a.d.), saltar el primer p.a. en la hilera inferior, *1 p.a.d. en el siguiente p.a.; rep. desde * hasta el extremo, girar. *68 p.*
Hilera 5 Utilizando D, tejer en p.a. (al tejer p.a. en una hilera de p.a.d., hacer como en la hilera 3)
Hilera 6 Utilizando H, tejer en p.a.d. (al tejer p.a.d. en una hilera de p.a., hacer como en la hilera 4)
Hilera 7 Utilizando B, tejer en p.a.d.
Hilera 8 Utilizando B, tejer en p.a.
Hilera 9 Utilizando A, tejer en p.a.d.
Hilera 10 Utilizando A, tejer en p.a.
Hilera 11 Utilizando B, tejer en p.a.d.
Hileras 12 y 13 Utilizando F, tejer en p.a.d.
Hilera 14 Utilizando B, tejer en p.a.
Hilera 15 Utilizando C, tejer en p.a.d.
Hileras 16 y 17 Utilizando B, tejer en p.a.d.
Hilera 18 Utilizando J, tejer en p.a.d.
Hileras 19 y 20 Utilizando E, tejer en p.a.d.
Hilera 21 Utilizando E, tejer en p.a.
Hileras 22 y 23 Utilizando C, tejer en p.a.d.
Hilera 24 Utilizando B, tejer en p.a.d.

Hilera 25 Utilizando G, tejer en p.a.d.
Hilera 26 Utilizando D, tejer en p.a.d.
Hilera 27 Utilizando G, tejer en p.a.d.
Hilera 28 Utilizando A, tejer en p.a.d.
Hilera 29 Utilizando A, tejer en p.a.
Hilera 30 Utilizando F, tejer en p.a.d.
Hilera 31 Utilizando F, tejer en p.a.
Hilera 32 Utilizando B, tejer en p.a.d.
Hilera 33 Utilizando H, tejer en p.a.
Hilera 34 Utilizando H, tejer en p.a.d.
Hilera 35 Utilizando D, tejer en p.a.d.
Hilera 36 Utilizando A, tejer en p.a.d.
Hilera 37 Utilizando A, tejer en p.a.
Hileras 38 y 39 Utilizando B, tejer en p.a.d.
Hilera 40 Utilizando J, tejer en p.a.d.
Hileras 41 y 42 Utilizando G, tejer en p.a.d.
Hilera 43 Utilizando G, tejer en p.a.
Hilera 44 Utilizando D, tejer en p.a.d.
Hileras 45 y 46 Utilizando E, tejer en p.a.d.
Hilera 47 Utilizando D, tejer en p.a.d.
Rematar.

Para el acabado de los cojines

Esconder los cabos sueltos.
Colocar plana la pieza de ganchillo y plancharla al vapor por el lado del revés.

Tela de la parte posterior del cojín

Aplanar 1,5 cm en el lado del revés alrededor del borde de la pieza de tela de la parte posterior del cojín para que tenga el mismo tamaño que la pieza de ganchillo de la parte frontal del cojín. A continuación, hilvanar este dobladillo.

Sujetar con alfileres la pieza de ganchillo por el lado del revés de la tela, distendiéndola para que se ajuste si fuera necesario. Hilvanar las dos capas en tres lados. Con hilo de costura, coser la pieza posterior a la pieza frontal, dejando un lado abierto.

Quitar el hilván.

Introducir el relleno del cojín en la funda. Coser el lado abierto de la funda para cerrarlo.

Lección magistral

Agregar nuevos colores

Se pueden tejer rayas estrechas sin interrumpir el hilo al cambiar de un color a otro. Esto conlleva que haya menos cabos de hilo que esconder una vez acabada la pieza. Para hacer esto, las rayas deben consistir en un número uniforme de hileras, de modo que siempre empiece y acabe un color en el mismo lado de la pieza.

1 En la hilera anterior a la que se agregará la nueva raya de color, tejer hasta el último punto y, a continuación, tejer el último punto en el lugar donde queda un «hilo envuelto en la aguja» más para completar el punto.

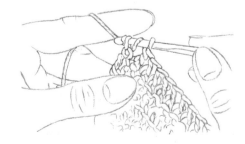

2 Dejar caer el hilo que ha utilizado hasta ahora. Envolver el nuevo alrededor de la aguja y pasarlo por los lazos restantes para completar el punto.

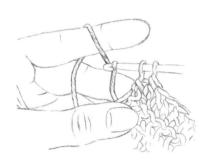

3 Continuar tejiendo la cadeneta de giro y la hilera siguiente en el nuevo color. Deje una cola lo bastante larga para poder ensartar el hilo en una aguja de punta roma y escóndala cuando haya acabado la pieza.

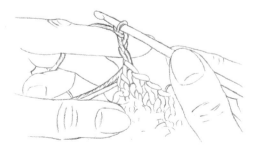

Funda para ordenador portátil

Esta sencilla funda para un ordenador portátil de 33 cm de ancho se hace con un cordel sólido utilizando punto alto, e introduce las técnicas de aumento y de menguado. La funda se acaba con una cremallera de color vivo.

Nivel de habilidad

FÁCIL

En este proyecto aprenderemos

A practicar el punto alto.
A utilizar texturas de hilo inusuales.
A aumentar.
A menguar.
A hacer una costura de punto alto.

Puntos utilizados

Punto alto.

Tamaño

Unos 35 x 25,5 cm.

Materiales

4 ovillos de 90 m de cordel suave.
Agujas de ganchillo de 3 y 3,5 mm.
50 cm de cremallera de plástico rosa vivo e hilo de coser a juego.

Tensión

17 1⁄2 puntos y 21 hileras en 10 cm medidos sobre punto alto con una aguja de 3,5 mm.

Abreviaturas

Véase página 45.

Para hacer la parte frontal de la funda

Cadeneta base Con una aguja de 3,5 mm y cordel, hacer 50 cad.
Hilera 1 1 p.a. en la 2.ª cad. desde la aguja, 1 p.a. en cada una de las cad. restantes hasta el extremo, girar. *49 p.*
Hilera 2 (hilera aum.) 1 cad. (NO cuenta como punto), 2 p.a. en el primer p.a., 1 p.a. en cada p.a. hasta el último p.a., 2 p.a. en el último p.a., girar. *51 p. (2 p. aumentados, uno en cada extremo de la hilera.)*
Repetir la hilera 2 cinco veces más. *61 p.*
Hilera siguiente 1 cad. (NO cuenta como punto), 1 p.a. en cada p.a. hasta el extremo, girar.
Repetir la última hilera hasta que la pieza mida 22 cm desde el comienzo.
Hilera siguiente (hilera meng.) 1 cad. (NO cuenta como punto), introducir la aguja a través del primer p.a., e.h.a.a. y pasar una lazada por el p.a., introducir la aguja en el siguiente p.a., e.h.a.a. y pasar una lazada por el p.a., e.h.a.a. y pasar una lazada por los 3 lazos en la aguja, 1 p.a. en cada p.a. hasta los últimos 2 p.a., [introducir la aguja en el siguiente p.a., e.h.a.a. y pasar una lazada por el p.a.] 2 veces, e.h.a.a. y pasar una lazada por los 3 lazos en la aguja, girar. *59 p. (2 p. menguados, uno en cada extremo de la hilera.)*
Repetir la última hilera cinco veces más. *49 p.*
Hilera siguiente 1 cad. (NO cuenta como punto), 1 p.a. en cada p.a. hasta el extremo.
Rematar.

Para hacer la parte trasera de la funda

Hacer la parte trasera exactamente de la misma manera que la frontal.

Para el acabado

Esconder los cabos sueltos.
Colocar plana la pieza de ganchillo y plancharla al vapor por el lado del revés.

Costura de punto alto

Colocar la pieza frontal encima de la pieza trasera. A continuación, con una aguja de 3 mm y cordel, tejer p.a. de modo uniforme a lo largo del borde a través de las dos capas, dejando una abertura de 50 cm en un extremo de la funda. (Esta costura queda en la parte exterior de la funda.)

Abertura de la cremallera

La cremallera se cose en la parte exterior de la funda para formar un borde decorativo a lo largo del borde exterior de la abertura en la parte frontal y en la parte trasera de la funda.

Para hacer esto, doblar la cremallera por la mitad a lo largo con los lados del revés juntos y, a continuación, colocar el lado del revés de una de las cintas de la cremallera en el lado del derecho de la parte frontal de la funda a lo largo de la abertura, y el lado del revés de la otra cinta de la cremallera en el lado derecho de la parte trasera de la funda.

Sujetar con alfileres y, a continuación, hilvanar la cremallera. Coser la cremallera a la funda a lo largo de la parte exterior de ambas cintas de la cremallera, utilizando pequeños puntos de sobrehilado.

Quitar el hilván.

Lección magistral

Aumentar al principio de la hilera

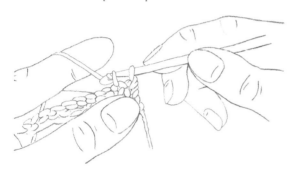

1 Hacer una cadeneta de giro de la altura adecuada (la funda para el ordenador portátil se hace en punto alto, por lo que aquí hay una cadeneta). Hacer un punto alto en el primer punto.

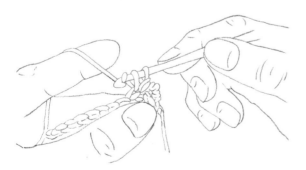

2 Hacer otro punto alto en el mismo punto para aumentar uno. Continuar hasta el extremo de la hilera. (Para obtener un borde más afinado, hacer el punto extra en el segundo punto en lugar de en el primero.)

Aumentar en el extremo de la hilera

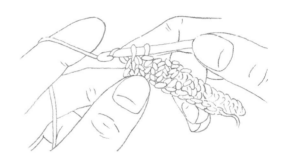

1 Tejer hasta el último punto de la hilera y hacer un punto alto en este mismo.

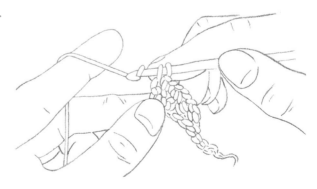

2 Hacer otro punto alto en el mismo punto para aumentar uno. (Para obtener un borde más afinado, hacer el punto extra en el penúltimo punto en lugar de en el último.)

Colcha texturada

Me encantaban las mantas dobladas que siempre había a los pies de la cama en casa de mi abuela por si acaso refrescaba durante la noche. Inspirada por ese recuerdo, he dado a esta sencilla colcha, hecha con lana virgen británica en un color natural y neutro, una apariencia más contemporánea. El hilo grueso otorga un genuino aire campestre —aunque lujoso— a este clásico. Está tejida en un sencillo punto cuerda con un ribete de punto medio alto doble, lo que introduce un contraste encantador.

Nivel de habilidad

FÁCIL

En este proyecto aprenderemos
Un nuevo punto, denominado «punto cuerda».
A tejer a gran escala.
A añadir un ribete.
A practicar el punto medio alto doble.

Puntos utilizados
Punto cuerda, utilizando punto alto doble y cadenetas.
Punto medio alto doble.

Tamaño
Unos 134 x 154 cm.

Materiales
Rowan Purelife British Sheep Breeds Chunky Undyed, hilo de lana grueso, en un color:
    16 x ovillos de 100 g en color gris claro
    (954 Steel Grey Suffolk).
Agujas de ganchillo de 7 y 8 mm.

Tensión
3 ½ puntos en V y 5 hileras en 10 cm medidos sobre un motivo de puntos cuerda con una aguja de 8 mm. 10 ½ puntos medios altos dobles y 9 hileras en 10 cm medidos sobre un sencillo patrón de ribete de puntos medios altos dobles con una aguja de 7 mm.

Abreviaturas
Véase página 45.

Nota especial sobre el patrón
Para hacer una muestra de tensión con punto cuerda, tejer un múltiplo de 3 cadenetas para la cadeneta base (con 18 cadenetas será suficiente). Con una aguja de 8 mm, hacer las hileras 1 y 2 del patrón y, a continuación, repetir la hilera 2 hasta que la muestra mida unos 13 cm de longitud. Esto creará una muestra lo bastante grande para poder comprobar la tensión de la pieza de ganchillo.

Para hacer la colcha
Cadeneta base Con una aguja de 8 mm, hacer 129 cad. Comenzar el motivo de punto cuerda como sigue:
Hilera 1 1 p.a.d. en la 4.ª cad. desde la aguja, 1 cad., 1 p.a.d. en la siguiente cad., *saltar 1 cad., 1 p.a.d. en la siguiente cad., 1 cad., 1 p.a.d. en la siguiente cad.; rep. desde * hasta la última cad., 1 p.a.d. en la última cad. en el extremo, girar.
Hilera 2 3 cad., hacer [1 p.a.d., 1 cad., 1 p.a.d.] todos en cada uno de los esp. de 1 cad. hasta el extremo de la hilera, 1 p.a.d. en la parte superior de las 3 cad. en el extremo, girar. *42 puntos en V.*
Repetir la hilera 2 para formar el motivo de punto cuerda y continuar con punto cuerda hasta que la pieza mida 140 cm desde el comienzo (unas 70 hileras en total).
Rematar.

Para el acabado
El sencillo punto medio alto doble del ribete se teje en vueltas alrededor del borde exterior de la colcha.

Ribete

Con una aguja de 7 mm, unir el hilo al borde de
la colcha con un punto raso introduciendo la aguja
a través de una cadeneta próxima al centro del borde
de la cadeneta base de la colcha y pasándole una lazada,
y a continuación tejer el ribete en vueltas como sigue:
Vuelta 1 2 cad., 1 p.m.a.d. en el mismo lugar que el punto
raso, 1 p.m.a.d. en la siguiente cad., y después continuar
con p.m.a.d. alrededor de la colcha, tejiendo 1 p.m.a.d.
en cada una de las cadenetas base, 2 p.m.a.d. en cada
extremo de las hileras a lo largo de los lados (en el
esp. de debajo del p.a.d. o en el esp. formado por la
cadeneta de giro de 3 cad.), 1 p.m.a.d. en cada uno
de los puntos de un extremo a otro de la última hilera

y 3 p.m.a.d. en cada esquina, unir con un punto raso
al primer p.m.a.d.
Nota: No girar en el extremo de las vueltas, sino continuar
con el mismo lado de la colcha siempre hacia arriba.
Vuelta 2 2 cad., 1 p.m.a.d. en el mismo lugar que el punto
raso y, después, continuar con p.m.a.d. alrededor de la
colcha, tejiendo 1 p.m.a.d. en cada p.m.a.d. y 3 p.m.a.d.
en el p.m.a.d. central de cada grupo de 3 p.m.a.d. en cada
una de las 4 esquinas, unir con un punto raso al primer
p.m.a.d. de la vuelta.
Vueltas 3, 4, 5 y 6 [Repetir la vuelta 2] 4 veces más.
El borde mide unos 7 cm.
Rematar.
Esconder los cabos sueltos.

Diagrama de punto Punto cuerda

CLAVE

$\bigcirc$ = cadeneta

$\top$ = punto alto doble

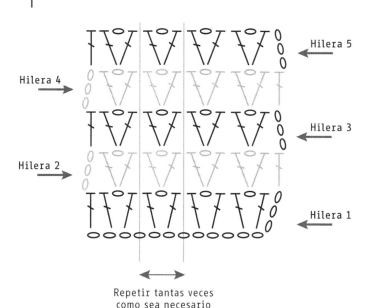

← Hilera 5

Hilera 4 →

← Hilera 3

Hilera 2 →

← Hilera 1

Repetir tantas veces
como sea necesario

Lección magistral

Cómo crear esquinas firmes en un ribete

Los ribetes de ganchillo se pueden tejer
directamente en la sección central de la pieza de
ganchillo o bien por separado en una tira larga y
después coserse en la sección central de la pieza.
Si teje un ribete por separado, asegúrese de dejar
un extra para cada esquina; al coser el ribete en
las esquinas, recoja el extra en la base para que
el borde exterior quede plano.

Para los ribetes que se tejen directamente en la
sección central de la pieza de ganchillo, como en
la colcha texturada, las instrucciones le indicarán
cómo tejer los puntos de modo uniforme a lo
largo de los bordes rectos. Cuando llegue a una
esquina, teja tres puntos en la esquina para crear
un ángulo de noventa grados firme y plano. En las
vueltas siguientes del ribete, teja tres puntos en
el punto central del grupo de tres puntos en cada
esquina, tal como se muestra abajo, para mantener
el ángulo firme.

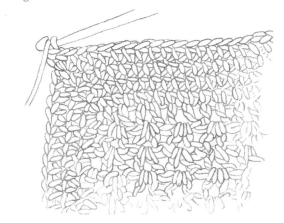

Bolso de mano contemporáneo

Una tira de ganchillo, consistente en una combinación de borlas y conchas de punto alto doble, forma el tejido decorativo de este sencillo bolso de mano. Cerrado con una sencilla cremallera, sus líneas rectas realzan el aire contemporáneo de este bolso plegable, pero también lo convierten en una pieza muy práctica, dado que no requiere ninguna forma con volumen. El forro contrastante de color naranja crea el fondo ideal para que el hilo neutro resalte el motivo de «cardo».

Nivel de habilidad

FÁCIL

En este proyecto aprenderemos

A hacer punto borla.
A hacer punto de conchas.

Puntos utilizados

Punto alto doble.
Borlas de punto alto doble.
Conchas de punto alto doble.

Tamaño

Unos 25 cm de ancho x 15-17 cm de profundidad cuando está plegado.

Materiales

Rowan Savannah, hilo de mezcla de algodón y seda de peso medio, en un color:
    4 ovillos de 50 g en color beige (931 Bare).
Aguja de ganchillo de 6 mm.
25 cm de cremallera contrastante e hilo de coser a juego.
50 cm de tela de forro del mismo color que la cremallera.

Tensión

3 puntos de conchas y 5 hileras en 10 cm medidos sobre un motivo de cardo con una aguja de 6 mm e hilo doble.

Abreviaturas

1 punto borla = [e.h.a.a. e introducir la aguja en el siguiente p., e.h.a.a. y pasar una lazada por el punto, e.h.a.a. y pasar una lazada por los 2 primeros lazos en la aguja] 3 veces todo en el mismo p., e.h.a.a. y pasar una lazada por los 4 lazos en la aguja.
Véase también página 45.

Notas especiales

Utilizar dos hebras de hilo unidas para toda la pieza. Para hacer una muestra de tensión con el motivo de cardo, tejer un múltiplo de 4 cadenetas, más 3 cadenetas adicionales, para la cadeneta base (con 19 cadenetas será suficiente). Utilizando una aguja de 6 mm y 2 hebras de hilo unidas, hacer las hileras 1-3 del patrón y, a continuación, repetir las hileras 2 y 3 hasta que la muestra mida unos 13 cm de longitud. Esto creará una muestra lo bastante grande para poder comprobar la tensión de la pieza de ganchillo.

Para el acabado

Esconder los cabos sueltos.

Colocar plana la pieza de ganchillo y plancharla al vapor por el lado del revés.

Cortar la tela de forro con la misma medida que la pieza de ganchillo, pero dejando 1,5 cm adicionales alrededor para el dobladillo.

Doblar la tela extra por debajo del dobladillo a lo largo de los bordes del forro y sujetarla con alfileres por el lado del revés de la pieza de ganchillo de modo que el pliegue esté a unos 5 mm del borde de la pieza a lo largo de los cuatro lados. Utilizando hilo de coser a juego, coser el forro.

Doblar la pieza por la mitad a lo ancho con los lados del derecho juntos y tejer las costuras laterales utilizando hilo de ganchillo.

Girar el bolso del derecho y coser la cremallera a la abertura en el lado derecho del bolso utilizando hilo de coser a juego.

Doblar el bolso por la mitad otra vez.

Para hacer el bolso

Cadeneta base Con una aguja de 6 mm e hilo doble, hacer 31 cad.

Hilera 1 (LD) 1 p.a.d. en la 4.ª cad. desde la aguja, 1 p.a.d. en cada una de las siguientes 2 cad., *2 cad., saltar 1 cad., 1 p.a.d. en cada una de las siguientes 3 cad.; rep. desde * hasta la última cad., 1 p.a.d. en la última cad., girar.

Hilera 2 3 cad. (cuenta como el primer p.a.d.), saltar los primeros 2 p.a.d., hacer [1 punto borla, 3 cad., 1 punto borla] todos en el siguiente p.a.d., *saltar los siguientes [1 p.a.d., el esp. de 2 cad., 1 p.a.d.], hacer [1 punto borla, 3 cad., 1 punto borla] todos en el siguiente p.a.d.; rep. desde * hasta el último p.a.d., saltar el último p.a.d. y hacer 1 p.a.d. en la parte superior de las 3 cad. en el extremo, girar.

Hilera 3 3 cad., 3 p.a.d. en el primer arco de 3 cad. (estos 3 p.a.d. forman la primera concha de 3 p.a.d.), *2 cad., 3 p.a.d. en el siguiente arco de 3 cad.; rep. desde * hasta el extremo, 1 p.a.d. en la parte superior de las 3 cad. en el extremo, girar.

Repetir las hileras 2 y 3 para formar un motivo de cardo y continuar tejiendo el motivo hasta que la pieza mida 60 cm. Rematar.

Diagrama de punto Motivo de cardo

CLAVE

⟳ = cadeneta

⊥ = punto alto doble

◈ = punto borla

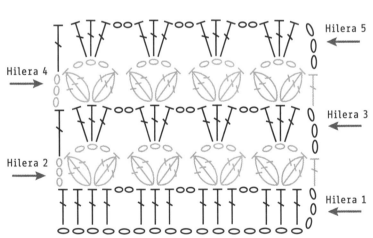

Lección magistral

Cómo hacer una borla de punto alto doble

Una borla se crea con un racimo de puntos en relieve situados en la superficie del ganchillo. Todos los puntos que componen la borla se hacen hasta el último lazo en el mismo lugar y, a continuación, se suben con una cadeneta a la parte superior del punto.

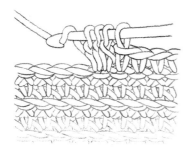

1 Con el lado del revés hacia arriba, tejer allí donde se requiera una borla. Hacer 3 puntos altos dobles incompletos, dejando el último lazo de cada punto en la aguja, de modo que queden 4 lazos.

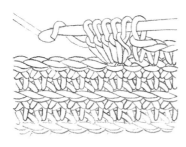

2 Hacer 2 puntos altos dobles incompletos más para que queden 6 lazos en la aguja. Envolver el hilo alrededor de la aguja y pasarlo por todos los lazos en la aguja.

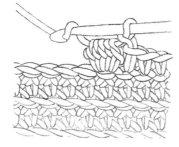

3 Envolver el hilo alrededor de la aguja y pasarlo por el lazo en la aguja. Deslizar con cuidado el grupo de puntos al lado del derecho de la pieza de ganchillo.

Cómo hacer una concha de punto alto doble

Una concha, o un abanico, normalmente se compone de varios puntos del mismo tipo que se tejen en un mismo lugar para crear un efecto que semeja una concha. En general, todos los puntos que componen la concha se tejen en un solo punto en lugar de en el espacio de una cadeneta. Esto ayuda a mantener unida la base de la concha, de modo que los extremos superiores de los puntos se abran en abanico.

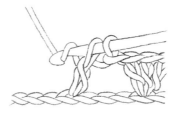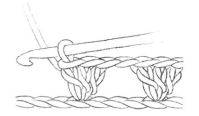

1 Tejer allí donde se requiera una concha, saltar el número de cadenetas/puntos que se indiquen en el patrón (aquí saltar 3 cadenetas). Hacer un punto en la siguiente cadeneta/el siguiente punto.

2 Hacer 2 puntos más en la misma cadeneta/el mismo punto hasta completar así una concha.

Cómo hacer una media concha de punto alto doble en el extremo de una hilera

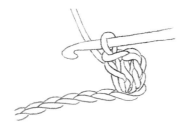

3 Con el fin de mantener el recuento de puntos correcto, puede que sea necesario hacer una media concha al principio o en el extremo de la hilera. Para hacer esto al principio de la hilera, tejer 2 puntos en el primer punto.

4 Para hacer esto en el extremo de la hilera, tejer 2 puntos en el punto final de la hilera.

Mitones

Unos mitones prácticos y elegantes hechos en un punto de ganchillo decorativo con un cálido hilo de lana de alpaca bebé. Las aberturas para los pulgares se hacen simplemente saltándose unos cuantos puntos en una hilera, sin más.

Nivel de habilidad

INTERMEDIO

En este proyecto aprenderemos

A practicar el punto medio alto doble.
A hacer una abertura horizontal para el pulgar.
A hacer repeticiones de motivos.

Puntos utilizados

Punto medio alto doble; punto alto doble;
borlas de punto alto doble.

Tamaño

Una talla única que se adecue al tamaño promedio de la mano de una mujer. Longitud del mitón acabado: 38 cm.

Materiales

Rowan Baby Alpaca DK, hilo de lana de alpaca ligero,
   en un color:
      4 ovillos de 50 g en color gris claro (208 Southdown).
Agujas de ganchillo de 3,5 y de 4 mm.

Tensión

8 borlas y 11 hileras en 10 cm medidos sobre punto rombo en zigzag con una aguja de 4 mm.

Abreviaturas

1 borla = [e.h.a.a. e introducir la aguja en el esp. de 1 cad., e.h.a.a. y pasar una lazada por el esp. de 1 cad., e.h.a.a. y pasar una lazada por los 2 primeros lazos en la aguja] 3 veces todo en el mismo esp. de 1 cad., e.h.a.a. y pasar una lazada por los 4 lazos en la aguja.

½ borla = [e.h.a.a. e introducir la aguja en el esp. de 1 cad., e.h.a.a. y pasar una lazada por el esp. de 1 cad., e.h.a.a. y pasar una lazada por los 2 primeros lazos en la aguja] 2 veces en el mismo esp. de 1 cad., e.h.a.a. y pasar una lazada por los 3 lazos en la aguja.
Véase también página 45.

Para hacer los mitones

Cadeneta base Con una aguja de 4 mm, hacer 37 cad. flojas.
Hacer un borde de 2 hileras de punto medio alto doble como sigue:
Hilera 1 1 p.m.a.d. en la 3.ª cad. desde la aguja, 1 p.m.a.d. en cada una de las cad. restantes hasta el extremo, girar.
Hilera 2 2 cad. (cuenta como el primer p.m.a.d.), saltar el primer p.m.a.d., *1 p.m.a.d. en el siguiente p.m.a.d.; rep. desde * hasta el extremo, a continuación hacer el último p.m.a.d. en la parte superior de las 2 cad. en el extremo, girar. *36 p.* Continuar con punto rombo en zigzag como sigue:
Hilera del motivo 1 (LR) 2 cad. (cuenta como el primer p.m.a.d.), 1 p.m.a.d. en el primer p.m.a.d., *saltar 1 p.m.a.d., hacer [1 p.m.a.d., 1 cad., 1 p.m.a.d.] todos en el siguiente p.m.a.d.: rep. desde * hasta los 2 últimos p.m.a.d., saltar 1 p.m.a.d., 2 p.m.a.d. en el último p.m.a.d., girar.
Hilera del motivo 2 (LD) 3 cad., 1 p.m.a.d. en el primer p.m.a.d. (cuenta como una media borla), *1 cad., 1 borla en el siguiente esp. de 1 cad.; rep. desde * hasta el extremo, 1 cad., 1 media borla en la parte superior de las 2 cad. en el extremo de la hilera, girar. *16 borlas y 2 medias borlas.*
Hilera del motivo 3 2 cad. (cuenta como el primer p.m.a.d.), *hacer [1 p.m.a.d., 1 cad., 1 p.m.a.d.] todos en el siguiente esp. de 1 cad.; rep. desde * hasta el extremo, 1 p.m.a.d. en la parte superior de las 3 cad. en el extremo de la hilera, girar.
Hilera del motivo 4 3 cad. (cuenta como el primer p.a.d.), *1 borla en el siguiente esp. de 1 cad., 1 cad.; rep. desde * hasta el último esp. de 1 cad., 1 borla en el último esp., 1 p.a.d. en la parte superior de las 2 cad. en el extremo de la hilera, girar. *17 borlas.*
Hilera del motivo 5 2 cad. (cuenta como el primer p.m.a.d.), 1 p.m.a.d. en el primer p.a.d., *hacer [1 p.m.a.d., 1 cad., 1 p.m.a.d.] todos en el siguiente espacio de 1 cad.; rep. desde * hasta el extremo, 2 p.m.a.d. en la parte superior de las 3 cad. en el extremo de la hilera, girar.
[Repetir las hileras del motivo 2-5] 4 veces más.
Cambiar a una aguja de 3,5 mm y [rep. las hileras del motivo 2-5] 3 veces más hasta terminar con una hilera LR.
El mitón debería medir ahora unos 32 cm desde el comienzo.

Lección magistral

Cómo hacer una abertura horizontal para el pulgar o un ojal

La forma más sencilla de hacer una abertura, tanto si es para el pulgar como para un ojal, es saltarse un cierto número de puntos en una hilera. En el lugar en el que se requiere la abertura, tejer un número de cadenetas en las que tenga cabida el pulgar o el diámetro del botón (para estos mitones, hacer 6 cadenetas). Saltar el número de puntos para los que ha hecho cadenetas y después continuar según el patrón. En la siguiente hilera, tejer sobre las cadenetas, haciendo el mismo número de puntos como cadenetas hay.

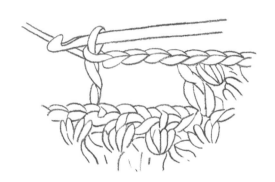

Cómo hacer una abertura para el pulgar

Hilera siguiente (RS) 3 cad., 1 p.a.d. en el primer p.m.a.d., *1 cad., 1 borla en el siguiente esp. de 1 cad.; rep. desde * 6 veces más; 6 cad., saltar los siguientes 2 esp. de 1 cad., 1 borla en el siguiente esp. de cad., **1 cad., 1 borla en el siguiente esp. de cad.; rep. desde ** hasta el extremo, 1 cad., 1 media borla en la parte superior de las 2 cad. en el extremo de la hilera, girar.
Hilera siguiente 2 cad., *hacer [1 p.m.a.d., 1 cad., 1 p.m.a.d.] todos en el siguiente esp. de 1 cad.; rep. desde * 6 veces más; [1 p.m.a.d., 1 cad., 1 p.m.a.d.] 2 veces en el esp. de 6 cad., **hacer [1 p.m.a.d., 1 cad., 1 p.m.a.d.] todos en el siguiente esp. de 1 cad.; rep. desde ** hasta el extremo, 1 p.m.a.d. en la parte superior de las 3 cad. en el extremo de la hilera, girar.
Hilera siguiente Rep. la hilera 4 del motivo. *16 borlas.*
Hilera siguiente Rep. la hilera 5 del motivo.
Hilera siguiente Rep. la hilera 2 del motivo. *15 borlas y 2 medias borlas.*
Hilera siguiente Rep. hilera 3 del motivo. Rematar.
Hacer el otro mitón exactamente de la misma manera.

Para el acabado

Esconder los cabos sueltos. Planchar al vapor la pieza de ganchillo por el lado del revés. Coser las costuras laterales.

Diagrama de punto Punto rombo en zigzag

CLAVE

- ○ = cadeneta
- ⊤ = punto medio alto
- † = punto borla
- ⬦ = punto borla
- ⬧ = media borla

Comienzo de los mitones

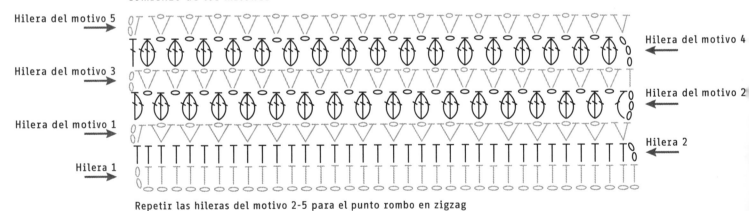

Hilera del motivo 5
Hilera del motivo 3
Hilera del motivo 1
Hilera 1
Hilera del motivo 4
Hilera del motivo 2
Hilera 2

Repetir las hileras del motivo 2-5 para el punto rombo en zigzag

Abertura para el pulgar

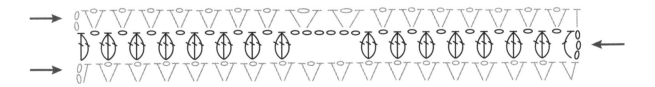

Bufanda tubular clásica

Una sencilla, lujosa y clásica bufanda tubular diseñada para llevarse alrededor del cuello dándole dos o tres vueltas. Hecha con racimos de encajes, esta prenda de ganchillo tiene una textura burbujeante de gruesos puntos hinchados, combinados con puntos calados en V.

Nivel de habilidad

INTERMEDIO

En este proyecto aprenderemos

A practicar el punto alto doble.
Un nuevo punto, denominado «punto hinchado».

Puntos utilizados

Punto alto doble.
Punto hinchado.

Tamaño

Aproximadamente 25 x 127 cm.

Materiales

Rowan Lima, hilo de mezcla de lana de alpaca ligero, en un color:
    5 ovillos de 50 g, color beige pálido (889 Perú).
Aguja de ganchillo de 5 mm.

Tensión

3 grupos de puntos (cada grupo está compuesto de 1 punto hinchado, 1 cad., 1 p.a.d., 2 cad., 1 p.a.d. de patrón) y 9 hileras en 10 cm medidos sobre punto de encaje hinchado utilizando una aguja de 5 mm.

Abreviaturas

1 punto hinchado = [e.h.a.a., introducir la aguja en el punto y pasar una lazada larga por el punto] 4 veces en el mismo punto, e.h.a.a. y pasar una lazada por los 9 lazos en la aguja.
Véase también página 45.

Diagrama de punto

Véase en la página 54 el diagrama de símbolos para el punto de encaje hinchado.

Nota especial sobre el patrón

Para hacer una muestra de tensión con punto de encaje hinchado, tejer un múltiplo de 6 cadenetas, más 5 extra, para la cadeneta base (con 29 será suficiente). Utilizando una aguja de 5 mm, hacer las hileras 1-3 del patrón y, a continuación, repetir las hileras 2 y 3 hasta que la muestra mida aproximadamente 13 cm de longitud. Esto creará una muestra lo bastante grande para poder comprobar la tensión de la pieza de ganchillo.

Para hacer la bufanda tubular

Cadeneta base Con una aguja de 5 mm, hacer 47 cad.
Hilera 1 Hacer [1 p.a.d., 2 cad., 1 p.a.d.] todos en la 4.ª cad. desde la aguja, *saltar 2 cad., 1 punto hinchado en la siguiente cad., 1 cad. (que cierra el punto hinchado), saltar 2 cad., hacer [1 p.a.d., 2 cad., 1 p.a.d.] todos en la siguiente cad.; rep. desde * hasta la última cad., 1 p.a.d. en la última cad., girar.
Hilera 2 3 cad., 1 punto hinchado en el primer esp. de 2 cad. (entre 2 p.a.d.), 1 cad., *hacer [1 p.a.d., 2 cad., 1 p.a.d.] todos en la parte superior del siguiente punto hinchado (debajo del lazo que cierra el punto hinchado), 1 punto hinchado en el siguiente esp. de 2 cad., 1 cad.; rep. desde * hasta el extremo, 1 p.a.d. en el esp. de las 3 cad. en el extremo de la hilera, girar.
Hilera 3 3 cad., hacer [1 p.a.d., 2 cad., 1 p.a.d.] todos en la parte superior del primer punto hinchado, *1 punto hinchado en el siguiente esp. de 2 cad., 1 cad., hacer [1 p.a.d., 1 cad., 1 p.a.d.] todos en la parte superior del siguiente punto hinchado; rep. desde * hasta el extremo, 1 p.a.d. en el esp. de las 3 cad. en el extremo de la hilera, girar.
Repetir la 2.ª y la 3.ª hileras para formar el punto de encaje hinchado y continuar tejiendo la pieza hasta que mida 127 cm.
Rematar.

Para el acabado

Esconder los cabos sueltos.
Enrollar la bufanda tubular una vez en la mitad de su longitud y coser juntos los extremos.

Lección magistral

El motivo de punto de gran efecto decorativo utilizado en esta bufanda tubular se hace tejiendo una combinación de puntos hinchados y calados en V.

Cómo hacer punto hinchado
Hay varias formas de hacer puntos hinchados, pero todas ellas añaden textura con relieve a superficies planas.

1 Hacer 3 cad. y, a continuación, envolver el hilo alrededor de la aguja.

2 Introducir la aguja en el siguiente punto y pasar una lazada por el punto.

3 Repetir tres veces más para que haya 9 lazos en la aguja.

4 Envolver el hilo alrededor de la aguja y pasarlo por los 9 lazos en la aguja. Tejer una cadeneta para cerrar y completar el punto hinchado.

Cómo hacer punto calado en V
5 Hacer 1 punto alto doble en la parte superior del punto hinchado completado en la hilera de debajo y, a continuación, hacer 2 cadenetas.

6 Hacer otro punto alto doble más en la parte superior del mismo punto hinchado.

7 Continuar tejiendo puntos hinchados y en V alternados hasta el último punto hinchado en la hilera.

8 Hacer 1 punto alto doble en el espacio de la cadeneta de giro, girar.

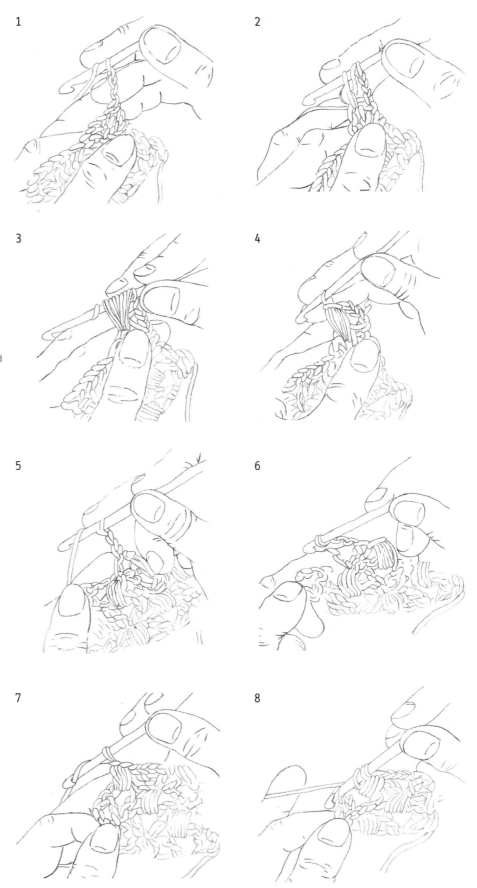

Fular triangular

La apariencia intrincada de los puntos de encaje
que componen este elegante fular no deja traslucir
la simplicidad del patrón. Con menguados graduales
hechos bloque a bloque, el fular adquiere una forma
triangular suavemente escalonada. He utilizado
un hilo extrafino de color ciruela oscuro para
complementar los puntos calados de filigrana.

Nivel de habilidad

INTERMEDIO

En este proyecto aprenderemos

A menguar un patrón de puntos para formar un triángulo.
A tejer con un hilo extrafino.

Puntos utilizados

Punto alto
Punto alto doble

Tamaño

Aproximadamente 154 cm en la parte más ancha x 79 cm
desde la parte central del borde de la cadeneta base hasta la
punta del triángulo.

Materiales

Rowan Fine Lace, hilo de alpaca y lana extrafino, en un color:
    2 ovillos de 50 g, color ciruela oscuro (Era 927).
Agujas de ganchillo de 4 y 5 mm.

Tensión

3 ½ repeticiones de puntos y 16 hileras en 10 cm medido
sobre un patrón con una aguja de 4 mm.

Abreviaturas

Véase página 45.

Para hacer el triángulo del fular

El fular se empieza a lo largo del borde más largo y se va
menguando poco a poco a cada lado del borde hasta formar
un triángulo.

Cadeneta base Con una aguja de 5 mm, hacer 285 cad. flojas.
Cambiar a una aguja de 4 mm y continuar con el motivo
de estrellas centelleantes como sigue:

Hilera 1 (LD) 1 p.a. en la 2.ª cad. desde la aguja, 1 p.a.
en la siguiente cad., *6 cad., saltar 4 cad., 1 p.a. en
cada una de las siguientes 2 cad.; rep. desde * hasta
el extremo, girar.

Hilera 2 3 cad. (cuenta como el primer p.a.d.), saltar
el primer p.a., 1 p.a.d. en el siguiente p.a., *2 cad., 1 p.a.
en un arco de 6 cad., 2 cad., 1 p.a.d. en cada uno de los
siguientes 2 p.a.; rep. desde * hasta el extremo, girar.

Hilera 3 3 cad., saltar el primer p.a.d., 1 p.a.d. en el
siguiente p.a.d., *3 cad., 1 punto raso en el siguiente p.a.,
3 cad., 1 p.a.d. en cada uno de los siguientes 2 p.a.d.; rep.
desde * hasta el extremo, tejiendo el último p.a.d. de la
última repetición en la parte superior de las 3 cad. en
el extremo de la hilera, girar.

Hilera 4 1 cad., 1 p.a. en cada uno de los primeros 2 p.a.d.,
*4 cad., 1 p.a. en cada uno de los siguientes 2 p.a.d.; rep.
desde * hasta el extremo, tejiendo el último p.a. de la última
repetición en la parte superior de las 3 cad. en el extremo
de la hilera, girar.

Hilera 5 (hilera meng.) Saltar el primer p.a., punto raso en
el siguiente p.a. y las siguientes 4 c.a.d., 1 cad., 1 p.a. en
cada uno de los siguientes 2 p.a., *6 cad., 1 p.a. en cada uno
de los siguientes 2 p.a.; rep. desde * hasta las restantes 4
cad. y 2 p.a., girar. *2 repeticiones de puntos menguadas.*
Rep. las hileras 2-5 para formar el triángulo del fular,
menguando una repetición de puntos en cada uno de
los extremos de cada hilera 4 (cada *hilera 5*) tal como
se indica, hasta que solo quede una repetición de puntos
por hacer. Hacer las hileras 2-4 tal como se indica y, a
continuación, tejer la última hilera.

Última hilera 1 cad., 1 p.a. en cada uno de los primeros 2 p.a., 6 cad., 1 p.a. en cada uno de los siguientes 2 p.a. Rematar.

Para el acabado

Esconder los cabos sueltos.

Ribete

Con el LD de la pieza hacia arriba y utilizando una aguja de 4 mm, colocar la cadeneta de inicio próxima a usted y unir el hilo con un punto raso al primer punto raso en la 5.ª hilera desde el principio (en el lado derecho del fular), y a continuación hacer el ribete como sigue:

Vuelta 1 *4 cad., 1 p.a.d. en la esquina interior formada por el menguado, 4 cad., 1 punto raso en la esquina exterior del siguiente bloque*; rep. desde * hasta * hasta el extremo del fular, hacer 4 cad., 1 p.a.d. en el esp. de 6 cad. en el extremo del fular, 4 cad., 1 punto raso en la esquina exterior del mismo bloque, a continuación rep. desde * hasta * a lo largo del otro lado del fular. Rematar.

Colocar plano el fular y plancharlo al vapor por el lado del revés.

Diagrama de punto Motivo de estrellas centelleantes

CLAVE

- • = punto raso
- o = cadeneta
- + = punto alto
- ⊺ = punto alto doble

Lección magistral

Tradicionalmente, el ganchillo imitaba al hermoso encaje flamenco y al principio se hacía utilizando hilos extrafinos, en particular de lino o de algodón. A menudo nos quedamos extasiados ante la intrincada finura de las piezas de ganchillo de época.

Tejer con hilos extrafinos puede resultar intimidante, ya que da la impresión de que trabajar con ellos ha de ser lento y tedioso. Sin embargo, ofrece unas posibilidades creativas ilimitadas. Me gusta tejer a ganchillo puntos calados relativamente tradicionales, pero con una aguja de ganchillo grande. La pieza resultante es insólita, interesante y hermosa.

Chales, pañoletas y fulares hechos con hilos finos como un hilo de telaraña quedan preciosos al tejerlos de esta forma experimental, y además crecen rápidamente cuando se tejen con una aguja grande en lugar de con una diminuta. Por otro lado, el hilo extrafino es de gran metraje, de modo que vale la pena fabricar esos exquisitos hilos extrafinos teñidos a mano, cada vez más asequibles.

Por lo general, cuando tejo con hilos ultrafinos hago la hilera base de forma floja con una aguja de tamaño un poco más grande que la habitual para crear más flexibilidad.

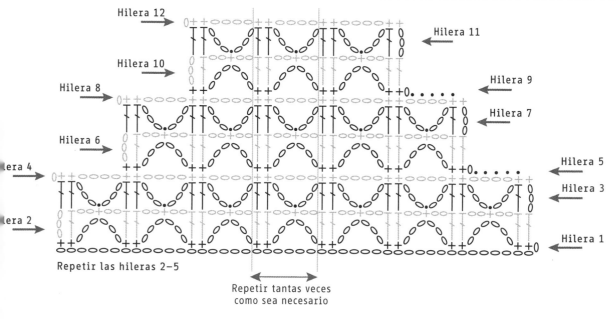

Repetir las hileras 2–5

Repetir tantas veces como sea necesario

Pantuflas

Tejida con un punto alto firme y denso utilizando lana virgen británica sólida y resistente, esta es mi versión del calzado omnipresente del siglo XXI: la pantufla.

Nivel de habilidad

INTERMEDIO

En este proyecto aprenderemos

A hacer un menguado sencillo de punto alto.
A hacer un aumento sencillo de punto alto.
A diseñar adecuándose a su talla.

Puntos utilizados

Punto alto.

Tamaño

La suela de las pantuflas de esta mujer mide unos 24,5 cm de largo (para ajustar la talla, *véase* la lección magistral en la página 94).

Materiales

Rowan Purelife British Sheep Breeds Chunky Undyed, hilo de lana grueso, en un color:

> 2 ovillos color de 100 g, gris claro (954 Steel Grey Suffolk)

Aguja de ganchillo de 7 mm.
Pedazos de cuero o de ante e hilo de coser a juego.

Tensión

10 p. y 14 hileras en 10 cm medidos sobre punto alto utilizando una aguja de 7 mm.

Abreviaturas

2 puntos altos juntos = [introducir la aguja en el siguiente p., e.h.a.a. y pasar una lazada por el punto] 2 veces, e.h.a.a. y pasar una lazada por los 3 lazos en la aguja (1 punto menguado).
Véase también página 45.

Para hacer la parte de arriba de la pantufla (tejer 2)

La pantufla se hace en dos piezas separadas: el empeine y la suela.
Caña
La caña se teje en vueltas como sigue:
Anillo base Con una aguja de 7 mm, hacer 31 cad. y unirlas con un punto raso a la primera cadeneta para formar un anillo (asegúrese de que la cadeneta no quede torcida cuando la una al anillo).
Vuelta 1 (LR) 1 cad., 1 p.a. en el mismo lugar que el punto raso, 1 p.a. en cada una de las restantes cad. hasta el extremo, unir con un punto raso al primer p.a. *31 p.a.*
Nota: No girar en el extremo de las vueltas, sino continuar con el LR siempre hacia arriba.
Vuelta 2 1 cad., 1 p.a. en el mismo lugar que el punto raso, 1 p.a. en cada uno de los p.a. hasta el extremo, unir con un punto raso al primer p.a. *31 p.a.*
Repetir la última vuelta 4 veces más.
Talón
El talón se teje en hileras como sigue:
Hilera 1 (LR) 1 cad., 1 p.a. en el mismo lugar que el punto raso, 1 p.a. en cada uno de los p.a. hasta el extremo, girar. *31 p.a.*
Hilera 2 (LD) 1 cad., 1 p.a. en cada uno de los p.a. hasta el extremo, girar.
Hilera 3 1 cad., 2 puntos altos juntos, 1 p.a. en cada uno de los p.a. hasta los últimos 2 p.a., 2 puntos altos juntos, girar. *29 p.a.*
Hilera 4 1 cad., 1 p.a. en cada uno de los p.a. hasta el extremo, girar.
Hilera 5 1 cad., 1 p.a. en cada uno de los p.a. hasta el extremo, girar.
Empeine
El empeine se teje en vueltas como sigue:
Vuelta 6 (LD) 1 cad., 1 p.a. en cada uno de los p.a. hasta el último p.a., 2 p.a. en el último p.a., y a continuación hacer 11 p.a. de un extremo al otro del empeine (los bordes de los extremos de la hilera), unir con un punto raso al primer p.a.
Vuelta 7 1 cad., 1 p.a. en el mismo lugar que el punto raso, 1 p.a. en cada uno de los p.a. hasta el extremo, unir con un punto raso al primer p.a., girar.

Parte superior del pie

Empezando con una hilera en el LR, la parte superior del pie se teje en hileras como sigue:

Hilera 8 1 cad., 1 p.a. en cada uno de los siguientes 14 p.a., girar. *14 p.a.*

Hileras 9, 10 y 11 [Rep. la hilera 8] 3 veces.

Hilera 12 1 cad., 1 p.a. en cada uno de los p.a. hasta los últimos 2 p.a., 2 puntos altos juntos, girar. *13 p.a.*

Hilera 13 1 cad., 1 p.a. en cada uno de los p.a. hasta los últimos 2 p.a., 2 puntos altos juntos, girar. *12 p.a.*

Hileras 14 y 15 1 cad., 1 p.a. en cada uno de los p.a. hasta el extremo, girar.

Hilera 16 1 cad., 1 p.a. en cada uno de los p.a. hasta los últimos 2 p.a., 2 puntos altos juntos, girar. *11 p.a.*

Hilera 17 1 cad., 1 p.a. en cada uno de los p.a. hasta los últimos 2 p.a., 2 puntos altos juntos, girar. *10 p.a.*

Hilera 18 1 cad., 1 p.a. en cada uno de los p.a. hasta los últimos 2 p.a., 2 puntos altos juntos, girar. *9 p.a.*

Hilera 19 1 cad., 1 p.a. en cada uno de los p.a. hasta los últimos 2 p.a., 2 puntos altos juntos, girar. *8 p.a.*

Rematar y girar la caña del derecho.

Hacer la segunda parte de arriba de la pantufla exactamente de la misma manera.

Para hacer las suelas (tejer 2)

La suela se hace del talón a la punta.

Cadeneta base Con una aguja de 7 mm, hacer 5 cad.

Hilera 1 1 p.a. en la 2.ª cad. desde la aguja, 1 p.a. en cada una de las restantes cad. hasta el extremo, girar. *4 p.a.*

Hilera 2 1 cad., 1 p.a. en cada uno de los p.a. hasta el extremo, girar.

Hilera 3 1 cad., 2 p.a. en el primer p.a., 1 p.a. en cada uno de los p.a. hasta el último p.a., 2 p.a. en el último p.a., girar. *6 p.a.*

Repetir la hilera 2 hasta que la pieza mida 13,5 cm desde el comienzo.

Hilera siguiente 1 cad., 2 p.a. en el primer p.a., 1 p.a. en cada uno de los p.a. hasta el último p.a., 2 p.a. en el último p.a., girar. *8 p.a.*

Repetir la hilera 2 hasta que la pieza mida 23 cm desde el comienzo.

Hilera siguiente 1 cad., 2 puntos altos juntos, 1 p.a. en cada uno de los p.a. hasta los últimos 2 p.a., 2 puntos altos juntos, girar. *6 p.a.*

Hilera siguiente 1 cad., 2 puntos altos juntos, 1 p.a. en cada uno de los p.a. hasta los últimos 2 p.a., 2 puntos altos juntos, girar. *4 p.a.*

Rematar.

Hacer la segunda suela exactamente de la misma manera.

Para el acabado

Esconder los cabos sueltos.

Sujetar con alfileres la suela a la parte de arriba de la pantufla con los lados del revés juntos, distendiéndola para ajustarla a los dedos de los pies. Con una aguja de 7 mm, unir el hilo con un punto raso al centro del talón, introduciendo la aguja en ambas capas, hacer 1 cad. y, a continuación, hacer p.a. a través de ambas capas todo alrededor, unir con un punto raso al primer p.a.

Rematar y esconder el cabo.

Puede doblar hacia abajo las tres primeras hileras de la caña para formar un dobladillo vuelto en la parte superior.

Cortar dos pedazos de cuero para cada pantufla con las dos plantillas (*véase* página 143), una para la suela de debajo de la parte anterior de la planta del pie y la otra para la suela de debajo del talón. Coser a mano estas almohadillas de cuero para las suelas con un hilo de coser a juego.

Nota: Para que coser a mano sea más fácil, perforar con una máquina agujeros en el cuero. La puntada debe ser extralarga; no enhebrar la aguja. Hacer puntadas alrededor de las figuras cortadas, a 4 mm del borde. Coser las piezas con puntos de sobrehilado a través de las perforaciones.

Lección magistral

Cómo ajustar un patrón para diferentes tallas

Una de las mayores cualidades del ganchillo es su flexibilidad. Dado que estas pantuflas se hacen en punto alto básico, es muy fácil ajustar la longitud y la anchura de la figura básica para adaptarla a diferentes tamaños de pie. Si el suyo es estrecho, suprima 2 cadenetas del ancho de la suela y 2 puntos de la parte superior del pie; como alternativa, si es ancho, añada 2 cadenetas (y 2 puntos). Modifique la longitud del pie tejiendo menos o más hileras en la sección de la suela recta (y la parte superior del pie). Como regla general, añada o reste 1 cm si desea hacer una talla más grande o más pequeña. Este es un patrón muy versátil: yo prefiero unas pantuflas de caña corta, que llevo con el borde doblado hacia abajo formando un dobladillo vuelto, pero puede tejer uno más largo para una pantufla de caña más alta e incluso tejer la hilera inicial con un hilo contrastante para añadir un detalle decorativo.

Broches enjoyados

10

Un proyecto muy fácil para aprender ganchillo y acostumbrarse a tejer en redondo. Estos sencillos motivos redondos se hacen con hilos de colores y se adornan con brillantes gemas y otras piedras preciosas para crear broches enjoyados. Si no puede encontrar gemas sin engarzar, desengarce una pieza de joyería de segunda mano. Me gusta llevar juntos dos o tres de estos broches.

Nivel de habilidad

PRINCIPIANTE

En este proyecto aprenderemos
A hacer un motivo redondo sencillo.

Puntos utilizados
Punto alto.
Punto alto doble.

Tamaño
Broche pequeño: Unos 3,5 cm de diámetro.
Broche grande: Unos 4,5 cm de diámetro.

Materiales
Una pequeña cantidad de Rowan Lenpur Linen, hilo de lino ligero, o un hilo de cáñamo natural del mismo peso, en el color deseado para cada broche.
Aguja de ganchillo de 4 mm.
Grandes joyas o cristales de forma cuadrada o redondeada perforados, o grandes botones decorativos.
Alfileres de prendedor para cada broche.
Pedazos de cuero o de fieltro e hilo de coser a juego.

Tensión
No es necesario preocuparse por la tensión para este proyecto.

Abreviaturas
Véase página 45.

Nota especial sobre el hilo
Utilizar dos hebras de hilo unidas para toda la pieza.

Para hacer el broche pequeño
Anillo base Con una aguja de 4 mm e hilo doble, hacer 3 cad. y unirlas con un punto raso a la primera cadeneta para formar un anillo.
Vuelta 1 (LR) 1 cad., 8 p.a. en el anillo, unir con un punto raso a la cad. al principio de la vuelta.
Nota: No girar en el extremo de las vueltas, sino continuar con el LD del broche siempre hacia arriba.
Vuelta 2 1 cad., [1 p.a. en el siguiente p.a., 2 p.a. en el siguiente p.a.] 4 veces, unir con un punto raso a la cad. al principio de la vuelta.
Vuelta 3 1 cad., [introducir la aguja en el orificio del centro, e.h.a.a. y pasar una lazada larga por el orificio, e.h.a.a. y pasar una lazada por los 2 lazos en la aguja] 16 veces, unir con un punto raso a la cad. al principio de la vuelta.
Vuelta 4 1 cad., [saltar el siguiente p., 1 p.a. en el siguiente p.] 8 veces, unir con un punto raso a la cad. al principio de la vuelta.
Rematar, dejando un extremo largo suelto.

Para hacer el broche grande

Anillo base Con una aguja de 4 mm e hilo doble, hacer 3 cad. y unir con un punto raso a la primera cadeneta para formar un anillo.

Vuelta 1 1 cad., 8 p.a. en el anillo, unir con un punto raso a la primera cad. para formar un anillo.

Nota: No girar en el extremo de las vueltas, sino continuar con el mismo lado del broche siempre hacia arriba.

Vuelta 2 3 cad., [1 p.a.d. en el siguiente p.a., 2 p.a.d. en el siguiente p.a.] 4 veces, unir con un punto raso a la parte superior de las 3 cad. al principio de la vuelta.

Vuelta 3 1 cad., [introducir la aguja en el orificio del centro, e.h.a.a. y pasar una lazada larga por el orificio, e.h.a.a. y pasar una lazada por los 2 lazos en la aguja] 16 veces, unir con un punto raso a la cad. al principio de la vuelta.

Vuelta 4 1 cad., [saltar el siguiente p., 1 p.a. en el siguiente p.] 8 veces, unir con un punto raso a la 1 cad. al principio de la vuelta.

Rematar, dejando un extremo largo suelto.

Para el acabado

Esconder el cabo suelto del anillo base, pero dejar el extremo largo suelto.

Coser la joya (o el botón) elegido en el centro de la parte frontal del motivo.

Con el extremo largo suelto, hacer un punto de sobrehilado en cada punto alrededor del borde exterior de la última vuelta del motivo, tirar para que quede unido y asegurar. Cortar un círculo pequeño en el pedazo de cuero o de fieltro y coser un alfiler de prendedor en el centro con un hilo de coser a juego. Coser esta pieza en la parte posterior del motivo de ganchillo.

Lección magistral

Cómo hacer un botón de bola

La técnica que he utilizado aquí para hacer estos broches con motivos tridimensionales es la misma que se emplea para hacer un botón de bola de ganchillo. Con esta técnica se puede hacer un botón sólido solamente con un hilo y una aguja, sin necesidad de usar un anillo base de plástico o de metal. Puede variar el tamaño y el grosor del motivo o botón en función del peso del hilo utilizado.

Hacer el botón bola siguiendo las instrucciones para el broche pequeño en la página 96. Para empezar, tejer el anillo base, así como las vueltas 1 y 2. En la

3.ª vuelta, tejer los puntos altos a través del centro del botón, como se muestra en el paso 1 (inferior). Cuando teja la vuelta 4, verá cómo el menguado de puntos confiere al botón una forma de bola (*véase* paso 2 inferior). Rematar dejando un extremo suelto de 30 cm de longitud.

Ensartar el extremo largo en una aguja de tapicería. Hacer un punto de sobrehilado en cada uno de los puntos exteriores y, a continuación, tirar para que los puntos queden unidos. Atar juntos los hilos del principio y del extremo, y a continuación coser una «X» en la parte trasera del botón para sujetarlo a la prenda.

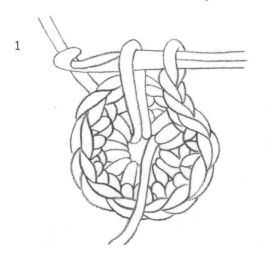

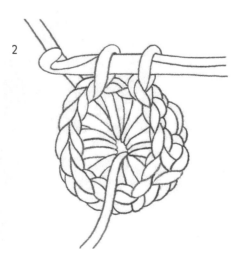

Alfombra redonda

El hilo extremo utilizado para hacer esta alfombra es un producto de desecho industrial: el orillo de la lana tejida. Aprovechando este subproducto de la industria textil, lo he tejido en redondo con una aguja de tamaño descomunal para armonizar con la magnitud del hilo. Tejer a ganchillo tiras de tela anudada crea un tejido igualmente único.

Nivel de habilidad

INTERMEDIO

En este proyecto aprenderemos
A tejer con un hilo extragrueso y una aguja grande.
A hacer un motivo plano en redondo a gran escala.
A crear hilo a partir de tiras de tela (*véase* la lección magistral en la página 102).

Puntos utilizados
Punto alto.

Tamaño
Unos 90 cm de diámetro.

Materiales
Ingrid Wagner Big Knit Yarn, hilo destorcido que consiste en una tira continua de 2,5 cm de ancho de tela de lana tejida con motivos, en 5 colores:

    A 1 x ovillo del color oscuro predominante;
    B 1 x ovillo del color neutro predominante;
    C 1 x ovillo del color oscuro secundario;
    D 1 x ovillo del color neutro secundario;
    E 1 x ovillo del color oscuro terciario.
Aguja de ganchillo de 25 mm.

Tensión
3 p. y 3 hileras en 10 cm medidos sobre punto alto con una aguja de 25 mm.

Abreviaturas
Véase página 45.

Nota especial sobre el patrón
Marcar la primera cadeneta al principio de cada vuelta con un hilo de color.

Para hacer la alfombra
Anillo base Con una aguja de 25 mm y A, hacer 4 cad. y unirlas con un punto raso a la primera cadeneta para formar un anillo.

Vuelta 1 (LD) Utilizando A, 1 cad. (cuenta como el primer p.a.), 5 p.a. en el anillo, unir con un punto raso a la primera cad. *6 p.*

Nota: No girar en el extremo de las vueltas, sino continuar con el LD de la alfombra siempre hacia arriba.

Vuelta 2 Utilizando A, 1 cad. (cuenta como el primer p.a.), 1 p.a. en el mismo lugar que el último punto raso, *2 p.a. en el siguiente p.a.; rep. desde * hasta el extremo de la vuelta, unir con un punto raso a la primera cad. *12 p.*

Vuelta 3 Utilizando B, 1 cad. (cuenta como el primer p.a.), 1 p.a. en el mismo lugar que el último punto raso, 1 p.a. en el siguiente p.a., *2 p.a. en el siguiente p.a., 1 p.a. en el siguiente p.a.; rep. desde * hasta el extremo de la vuelta, unir con un punto raso a la primera cad. *18 p.*

Vuelta 4 Utilizando B, 1 cad. (cuenta como el primer p.a.), 1 p.a. en el mismo lugar que el último punto raso, 1 p.a. en cada uno de los siguientes 2 p.a., *2 p.a. en el siguiente p.a., 1 p.a. en cada uno de los siguientes 2 p.a.; rep. desde * hasta el extremo de la vuelta, unir con un punto raso a la primera cad. *24 p.*

Vuelta 5 Utilizando B, 1 cad. (cuenta como el primer p.a.), 1 p.a. en el mismo lugar que el último punto raso, 1 p.a. en cada uno de los siguientes 3 p.a., *2 p.a. en el siguiente p.a., 1 p.a. en cada uno de los siguientes 3 p.a.; rep. desde * hasta el final de la vuelta, unir con un punto raso a la primera cad. *30 p.*

Vuelta 6 Utilizando B, 1 cad. (cuenta como el primer p.a.), 1 p.a. en el mismo lugar que el último punto raso, 1 p.a. en cada uno de los siguientes 4 p.a., *2 p.a. en el siguiente p.a., 1 p.a. en cada uno de los siguientes 4 p.a.; rep. desde * hasta el extremo de la vuelta, unir con un punto raso a la primera cad. *36 p.*

Vuelta 7 Utilizando B, 1 cad. (cuenta como el primer p.a.), 1 p.a. del mismo lugar que el último punto raso, 1 p.a. en cada uno de los siguientes 5 p.a., *2 p.a. en el siguiente p.a., 1 p.a. en todos los siguientes 5 p.a.; rep. desde * hasta el extremo de la vuelta, unir con un punto raso a la primera cad. *42 p.*

Vuelta 8 Utilizando C, 1 cad. (cuenta como el primer p.a.), 1 p.a. en el mismo lugar que el último punto raso, 1 p.a. en cada uno de los siguientes 6 p.a., *2 p.a. en el siguiente p.a., 1 p.a. en cada uno de los siguientes 6 p.a.; rep. desde * hasta el extremo de la vuelta, unir con un punto raso a la primera cad. *48 p.*

Vuelta 9 Utilizando D, 1 cad. (cuenta como el primer p.a.), 1 p.a. en el mismo lugar que el último punto raso, 1 p.a. en cada uno de los siguientes 7 p.a., *2 p.a. en el siguiente p.a., 1 p.a. en los siguientes 7 p.a.; rep. desde * hasta el extremo de la vuelta, unir con un punto raso a la primera cad. *54 p.*

Vuelta 10 Utilizando D, 1 p.a. (cuenta como el primer p.a.), 1 p.a. en el mismo lugar que el último punto raso, 1 p.a. en cada uno de los siguientes 8 p.a., *2 p.a. en el siguiente p.a., 1 p.a. en cada uno de los siguientes 8 p.a.; rep. desde * hasta el extremo de la vuelta, unir con un punto raso a la primera cad. *60 p.*

Vuelta 11 Utilizando D, 1 p.a. (cuenta como el primer p.a.), 1 p.a. en el mismo lugar que el último punto raso, 1 p.a. en cada uno de los siguientes 9 p.a., *2 p.a. en el siguiente p.a., 1 p.a. en cada uno de los siguientes 9 p.a.; rep. desde * hasta el extremo de la vuelta, unir con un punto raso a la primera cad. *66 p.*

Vuelta 12 Utilizando E, 1 p.a. (cuenta como el primer p.a.), 1 p.a. en el mismo lugar que el último punto raso, 1 p.a. en cada uno de los siguientes 10 p.a., *2 p.a. en el siguiente p.a., 1 p.a. en cada uno de los siguientes 10 p.a.; rep. desde * hasta el extremo de la vuelta, unir con un punto raso a la primera cad. *72 p.*

Vuelta 13 Utilizando E, 1 p.a. (cuenta como el primer p.a.), 1 p.a. en el mismo lugar que el último punto raso, 1 p.a. en cada uno de los siguientes 11 p.a., *2 p.a. en el siguiente p.a., 1 p.a. en cada uno de los siguientes 11 p.a.; rep. desde * hasta el extremo de la vuelta, unir con un punto raso a la primera cad. *78 p.*

Rematar.

Para el acabado

Esconder los cabos sueltos. Colocar plana la pieza de ganchillo y plancharla al vapor por el lado del revés.

Lección magistral

Cómo crear hilo a partir de tiras de tela

Crear su propio hilo de tela es tan sencillo como cortar y anudar juntas varias tiras de tela.

1 Colocar cada uno de los pedazos de tela sobre una superficie plana y, con unas tijeras afiladas, ir cortando en tiras de unos 2,5 cm de ancho.

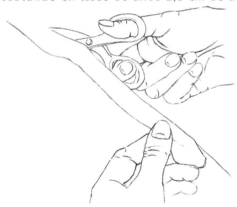

2 Cuando alcance el extremo de la tira, deténgase a aproximadamente 1 cm del borde. Empiece a cortar la siguiente tira dejando una separación de 2,5 cm con la anterior. Esto crea una tira continua de tela.

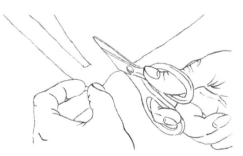

3 Cortar cada pedazo de tela de esta forma para hacer tiras largas de cada color o motivo. Comenzar a hacer un ovillo con la primera tira de tela. Unir la siguiente con un nudo doble y continuar haciendo el ovillo. Los nudos formarán parte de la pieza de ganchillo.

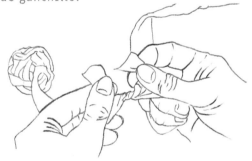

4 Hacer una cadeneta base de la forma habitual, aunque puede que necesite prestar mayor atención a la tensión, dado que, en función de la tela, podría ser algo elástica o no. No teja las cadenetas demasiado apretadas.

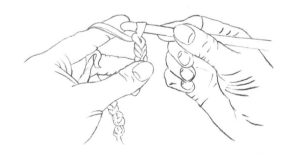

Cesta de trapos para mascotas

Con dos gatos y un perro en casa, sé que nunca hay suficientes cestas para evitar disputas territoriales. Para mantener la armonía hogareña, periódicamente realizo este proyecto. Hecha con tiras anudadas de telas reaprovechadas utilizando punto alto y punto alto doble, es una cesta económica para nuestros amigos de cuatro patas.

Nivel de habilidad

INTERMEDIO

En este proyecto aprenderemos

A hacer un menguado exterior (*véase* la lección magistral en la página 106).
A crear una forma tridimensional en redondo.

Puntos utilizados

Punto alto.
Punto alto doble.

Tamaño

Unos 50 cm de diámetro x 22 cm de altura.

Materiales

Cuatro telas diferentes para crear su propio hilo:
 2 m de tela de lino natural;
 2 m de vichy en blanco y negro;
 1 m de percal;
 2 m de sarga de algodón con rayas blancas y negras.
Agujas de ganchillo de 9 y 10 mm.
Opcional: Relleno redondo de cojín, 50 cm de diámetro.

Tensión

Aproximadamente 7 p. y 8 hileras en 10 cm medidos sobre punto alto con una aguja de 10 mm y tiras de tela de 1,5 cm de ancho.

Abreviaturas

Véase página 45.

Nota especial sobre las tiras de hilo

Si es necesario, primero lave las telas que vaya a cortar con el fin de eliminar el apresto y así trabajar mejor a ganchillo. Como alternativa, puede que prefiera la característica firmeza de la tela con apresto. Antes de comenzar a tejer, corte al hilo algunas tiras largas de 1,5 cm de anchura de cada una de las telas. Corte más tiras a medida que las necesite. *Véase* la lección magistral de la página 102, donde encontrará indicaciones para cortar tiras de hilo.

Para hacer la cesta

Empezar con cualquiera de las tiras de tela, utilizando diferentes telas al azar y cambiando en cualquier momento simplemente anudando las dos tiras juntas.

Base de la cesta

Anillo base Con una aguja de 10 mm y una tira de tela de 1,5 cm de ancho, hacer 6 cad. y unirlas con un punto raso a la primera cadeneta para formar un anillo.

Vuelta 1 (LD) 3 cad. (cuentan como el primer p.a.d. de cada vuelta), 11 p.a.d. en el anillo, unir con un punto raso a la parte superior de las 3 cad. al principio de la vuelta. *12 p.*
Nota: No girar en el extremo de las vueltas, sino continuar con el LD de la pieza siempre hacia arriba.

Vuelta 2 3 cad., 1 p.a.d. en el mismo lugar que el último punto raso, *2 p.a.d. en el siguiente p.a.d.; rep. desde * hasta el extremo de la vuelta, unir con un punto raso a la parte superior de las 3 cad. al principio de la vuelta. *24 p.*

Vuelta 3 3 cad., 1 p.a.d. en el mismo lugar que el último punto raso, 1 p.a.d. en el siguiente p.a.d., *2 p.a.d. en el siguiente p.a.d., 1 p.a.d. en el siguiente p.a.d.; rep. desde * hasta el extremo, unir con un punto raso a la parte superior de las 3 cad. al principio de la vuelta. *36 p.*

Vuelta 4 3 cad., 1 p.a.d. en el mismo lugar que el último punto raso, 1 p.a.d. en cada uno de los siguientes 2 p.a.d., *2 p.a.d. en el siguiente p.a.d., 1 p.a.d. en cada uno de los siguientes 2 p.a.d.; rep. desde * hasta el extremo, unir con un punto raso a la parte superior de las 3 cad. al principio de la vuelta. *48 p.*

Vuelta 5 3 cad., 1 p.a.d. en el mismo lugar que el último punto raso, 1 p.a.d. en cada uno de los siguientes 3 p.a.d., *2 p.a.d. en el siguiente p.a.d., 1 p.a.d. en cada uno de los siguientes 3 p.a.d.; rep. desde * hasta el extremo, unir con un punto raso a la parte superior de las 3 cad. al principio de la vuelta. *60 p.*

Vuelta 6 3 cad., 1 p.a.d. en el mismo lugar que el último punto raso, 1 p.a.d. en cada uno de los siguientes 4 p.a.d., *2 p.a.d. en el siguiente p.a.d., 1 p.a.d. en cada uno de los siguientes 4 p.a.d.; rep. desde * hasta el extremo, unir con un punto raso a la parte superior de las 3 cad. al principio de la vuelta. *72 p.*

Vuelta 7 3 cad., 1 p.a.d. en el mismo lugar que el último punto raso, 1 p.a.d. en cada uno de los siguientes 5 p.a.d., *2 p.a.d.

en el siguiente p.a.d., 1 p.a.d. en cada uno de los siguientes 5 p.a.d.: rep. desde * hasta el extremo, unir con un punto raso a la parte superior de las 3 cad. al principio de la vuelta. *84 p.*

Vuelta 8 3 cad., 1 p.a.d. en el mismo lugar que el último punto raso, 1 p.a.d. en cada uno de los siguientes 6 p.a.d., *2 p.a.d. en el siguiente p.a.d., 1 p.a.d. en cada uno de los siguientes 6 p.a.d.; rep. desde * hasta el extremo, unir con un punto raso a la parte superior de las 3 cad. del principio de la vuelta. *96 p.*

Vuelta 9 3 cad., 1 p.a.d. en el mismo lugar que el último punto raso, 1 p.a.d. en cada uno de los siguientes 7 p.a.d., *2 p.a.d. en el siguiente p.a.d., 1 p.a.d. en cada uno de los siguientes 7 p.a.d.; rep. desde * hasta el extremo, unir con un punto raso a la parte superior de las 3 cad. del principio de la vuelta. *108 p.* Esto completa la base redonda de la cesta para mascotas.

Comenzar los lados de la cesta
Los lados de la cesta para mascotas se tejen en punto alto como sigue:

Vuelta 10 1 cad., 1 p.a. en el mismo lugar que el último punto raso, 1 p.a. en cada uno de los p.a.d. hasta el extremo de la vuelta, unir con un punto raso al primer p.a.

Vuelta 11 1 cad., 1 p.a. en el mismo lugar que el último punto raso, 1 p.a. en cada uno de los p.a. hasta el extremo de la vuelta, unir con un punto raso al primer p.a.

Repetir la última vuelta hasta que el lado mida 12,5 cm.

Formar los lados de la cesta
El resto de la cesta para mascotas se teje en hileras para formar la parte frontal.

Colocar una marca en la primera cad. al com. de la sección de p.a. de cada hilera con el fin de que permita distinguir el principio y el extremo de cada hilera.

Hilera siguiente (LR) Girar la pieza para que el LR esté hacia arriba, 1 cad., 1 punto raso en cada uno de los primeros 16 p.a., 1 cad. (colocar una marca), 1 p.a. en cada uno de los p.a. hasta el extremo, girar. *92 p.*

Hilera siguiente 1 cad., 1 punto raso en cada uno de los primeros 2 p.a., 1 cad. (colocar una marca), 1 p.a. en cada uno de los p.a. hasta el extremo, girar.

Repetir la última hilera 5 veces más.
Rematar.

Para el acabado

Esconder los cabos sueltos de las tiras entretejiéndolos en la pieza de ganchillo, aunque a mí me gusta dejar los nudos como detalles decorativos.

Ribete
Con una aguja de 9 mm, unir una tira con un punto raso a un punto en el centro de la parte trasera, 1 cad., 1 p.a. en el mismo lugar que el punto raso y, a continuación, hacer 1 p.a. en cada uno de los p. alrededor del borde, unir con un punto raso al primer p.a.
Rematar.

Para hacer la funda del cojín opcional

Esta funda se hace con retales de tela.

Parte frontal
Dibujar un círculo de 53 cm de diámetro en un trozo de papel y recortarlo. Cortar un pedazo de tela con ayuda de este papel patrón.

Piezas traseras
Para hacer el papel patrón de las dos piezas traseras, doblar el papel patrón de la parte frontal de la funda del cojín por la mitad a lo largo del diámetro. Desdoblar, trazar una línea a 10 cm del pliegue y cortar a lo largo de dicha línea. Cortar dos piezas de tela con este papel patrón. Hacer un dobladillo doble estrecho a lo largo de ambos bordes rectos de las piezas traseras.

Coser las piezas traseras a la parte frontal
Colocar una pieza trasera en la parte superior de la pieza frontal con los lados derechos juntos y los bordes exteriores alineados. Colocar la segunda pieza trasera en la parte frontal de modo que se solape a la primera pieza en el centro. Sujetar con alfileres las piezas traseras a la parte frontal y hacer puntadas alrededor, dejando 1,5 cm extra para la costura. Sujetar los dobleces, girar del derecho y planchar. Introducir el relleno del cojín.

Lección magistral

Cómo hacer un menguado exterior

Este método es para menguar más de un punto en un borde exterior, como el borde frontal curvado de la cesta para mascotas.

Para un menguado al principio de la hilera, hacer un punto raso en cada uno de los puntos que deban menguar y, a continuación, hacer la cadeneta de giro adecuada y continuar a lo largo de la hilera. Para hacer un menguado al extremo de la hilera, simplemente dejar los puntos que deban menguar sin hacer, girar y, a continuación, hacer la cadeneta de giro adecuada y continuar a lo largo de la hilera.

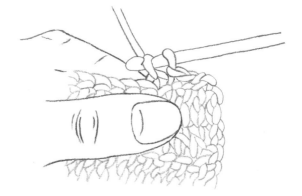

Almohada cilíndrica bicolor

13

El intrincado efecto visual de este punto rueda bicolor no deja traslucir la simplicidad del motivo. Se teje cada color por separado y el diseño de rayas discontinuas crea una interesante pieza tejida. Los extremos de esta almohada cilíndrica son simplemente vueltas tejidas en espacios y acabadas con un ribete festoneado.

Nivel de habilidad

EXPERIMENTADO/EXPERTO

En este proyecto aprenderemos

A hacer punto bicolor.
A hacer un ribete festoneado.

Puntos utilizados

Punto alto; punto alto doble; punto alto triple; conchas de punto alto doble; racimos de punto alto doble

Tamaño

Unos 45 cm de longitud x 17 cm de diámetro.

Materiales

Yeoman Yarns Cotton Cannele 4-Ply, hilo de algodón
   mercerizado superfino, en 2 colores:
      A 1 bobina de 250 g, color gris oscuro (137 Mouse)
      B 1 x bobina de 250 g, color azul agua (147 Lagon)
Aguja de ganchillo de 3 mm.
Almohada cilíndrica de plumas de 45 cm de largo x 17 cm
   de diámetro.
Dos botones de nácar oscuro de 22 mm.

Tensión

28 p. y 13 hileras en 10 cm medidos sobre un patrón de puntos bicolores con una aguja de 3 mm.

Abreviaturas

1 punto racimo (puntos altos cerrados en un mismo punto) = [e.h.a.a., introducir la aguja en el siguiente punto, e.h.a.a. y pasar una lazada por el punto, e.h.a.a. y pasar una lazada por los 2 primeros lazos en la aguja] en el número de puntos indicados, e.h.a.a. y pasar una lazada por todos los lazos en la aguja hasta completar el punto racimo.
Véase también página 45.

Nota especial sobre el patrón

Para hacer una muestra de tensión con el patrón de puntos bicolor, tejer un múltiplo de 10 cadenetas, más 7 extra, para la cadeneta base (con 37 será suficiente). Con una aguja de 3 mm, hacer las hileras 1-5 del patrón y, a continuación, repetir las hileras 2-5 hasta que la muestra mida unos 13 cm de longitud. Esto creará una muestra lo bastante grande para comprobar la tensión de la pieza de ganchillo.

Para hacer la pieza central de la almohada

La cadeneta base y la primera hilera del patrón de puntos bicolor (denominado «punto cuerda») se hacen en A, y a partir de aquí se repiten dos hileras cada una en B y en A. Cuando cambie de color, esconda los cabos de los hilos.

Cadeneta base Con una aguja de 3 mm y A, hacer 127 cad.
Hilera 1 (LD) Utilizando A, 1 p.a. en la 2.ª cad. desde la aguja, 1 p.a. en la siguiente cad., *saltar 3 cad., 7 p.a.d. en la siguiente cad. (estos 7 p.a.d. en la misma cadeneta forman una concha de 7 p.a.d.), saltar 3 cad., 1 p.a. en cada una de las siguientes 3 cad.; rep. desde * hasta las últimas 4 cad., saltar 3 cad., 4 p.a.d. en la última cad., girar.
Hilera 2 Utilizando B, 1 cad., 1 p.a. en cada uno de los primeros 2 p.a.d., *3 cad., 1 punto racimo en los siguientes 7 p. (o sea, en los siguientes 2 p.a.d., 3 p.a., 2 p.a.d.), 3 cad., 1 p.a. en cada uno de los siguientes 3 p.a.d. (estos 3 p.a.d. son los 3 p. centrales de la concha de 7 p.a.d.); rep. desde * hasta los últimos 4 p. (los restantes 2 p.a.d. y 2 p.a.), acabando con 3 cad., 1 punto racimo en estos últimos 4 p., girar.
Hilera 3 Utilizando B, 3 cad. (cuenta como el primer p.a.d.), 3 p.a.d. en la parte superior del primer racimo de 4 p.a.d. (debajo del lazo que cierra el racimo), *saltar el esp. de 3 cad., 1 p.a. en cada uno de los siguientes 3 p.a., saltar el espacio de 3 cad., 7 p.a.d. en la parte superior del siguiente punto racimo (debajo del lazo que cerraba el punto racimo); rep. desde * hasta el último esp. de 3 cad., acabando con saltarse el esp. de 3 cad., 1 p.a. en cada uno de los últimos 2 p.a., girar.
Hilera 4 Utilizando A, 3 cad. (cuenta como el primer p.a.d.), saltar el primer p.a., 1 punto racimo en los siguientes 3 p. (o sea, en los siguientes 1 p.a., 2 p.a.d.), *3 cad., 1 p.a. en cada uno de los siguientes 3 p.a.d. (estos 3 p.a.d. son los 3 p. centrales de la concha de 7 p.a.d.), 3 cad., 1 punto racimo en los siguientes 7 p. (o sea, en los siguientes 2 p.a.d., 3 p.a., 2 p.a.d.); rep. desde * hasta el último p.a.d., acabando con 3 cad., 1 p.a. en el último p.a.d., 1 p.a. en la parte superior de las 3 cad. en el extremo de la vuelta, girar.
Hilera 5 Utilizando A, 1 cad., 1 p.a. en cada uno de los primeros 2 p.a., * saltar el esp. de 3 cad., 7 p.a.d. en la parte superior del siguiente punto racimo, saltar el esp. de 3 cad., 1 p.a. en cada uno de los siguientes 3 p.a.; rep. desde * hasta el último esp. de 3 cad., acabando con saltarse

Nota: No girar en el extremo de las vueltas, sino continuar con el LD de la pieza siempre hacia arriba.

Vuelta 2 Utilizando B, 3 cad., 2 p.a.d. en el esp. de la última cad. de la última vuelta (cuenta como el primer grupo de 3 p.a.d.), 3 p.a.d. en el siguiente p.a.d., [3 p.a.d. en el esp. de la siguiente cad., 3 p.a.d. en el p.a.d. central del siguiente grupo de 3 p.a.d.] 3 veces, unir con un punto raso a la parte superior de las 3 cad. al principio de la vuelta. *8 grupos de 3 p.a.d.*

Vuelta 3 Utilizando A, 3 cad., 2 p.a.d. en el esp. entre el primer y el último grupo de 3 p.a.d. de la vuelta anterior (cuenta como el primer grupo de 3 p.a.d.), 3 p.a.d. en el siguiente p.a.d., [3 p.a.d. en cada uno de los siguientes 2 esp. («esp.» a partir de ahora aludirá al espacio o a los espacios entre los grupos de 3 p.a.d.), 3 p.a.d. en el p.a.d. central del siguiente grupo de 3 p.a.d.] 3 veces, 3 p.a.d. en el siguiente esp., unir con un punto raso a la parte superior de las 3 cad. al principio de la vuelta. *12 grupos de 3 p.a.d.*

Vuelta 4 Utilizando B, 3 cad., 2 p.a.d. en el esp. entre el primer y el último grupo de 3 p.a.d., 3 p.a.d. en cada uno de los siguientes 2 esp., [3 p.a.d. en el p.a.d. central del siguiente grupo de 3 p.a.d., 3 p.a.d. en cada uno de los siguientes 3 esp.] 3 veces, 3 p.a.d. en el p.a.d. central del siguiente grupo de 3 p.a.d., unir con un punto raso a la parte superior de las 3 cad. al principio de la vuelta. *16 grupos de 3 p.a.d.*

Vuelta 5 Utilizando A, 3 cad., 2 p.a.d. en el esp. entre el primer y el último grupo de 3 p.a.d., 3 p.a.d. en el siguiente esp., [3 p.a.d. en el p.a.d. central del siguiente grupo de 3 p.a.d., 3 p.a.d. en cada uno de los siguientes 4 esp.] 3 veces, 3 p.a.d. en el p.a.d. central del siguiente grupo de 3 p.a.d., 3 p.a.d. en cada uno de los siguientes 2 esp., unir con un punto raso a la parte superior de las 3 cad. al principio de la vuelta. *20 grupos de 3 p.a.d.*

Vuelta 6 Utilizando B, 3 cad., 2 p.a.d. en el esp. entre el primer y el último grupo de 3 p.a.d., 3 p.a.d. en cada uno de los siguientes 3 esp., [3 p.a.d. en el p.a.d. central del siguiente grupo de 3 p.a.d., 3 p.a.d. en cada uno de los siguientes 5 esp.] 3 veces, 3 p.a.d. en el p.a.d. central del siguiente grupo de 3 p.a.d., 3 p.a.d. en el siguiente esp., unir con un punto raso a la parte superior de las 3 cad. al principio de la vuelta. *24 grupos de 3 p.a.d.*

un esp. de 3 cad., 4 p.a.d. en la parte superior de las 3 cad. en el extremo de la hilera, girar.

Repetir las hileras 2-5 para formar un patrón de puntos bicolor y continuar tejiendo hasta que la pieza mida 55 cm desde el comienzo, acabando con una 4.ª hilera. Rematar.

Para hacer los extremos de la almohada (tejer 2)

Los extremos de la almohada también se tejen en dos colores, alternando una vuelta A y una B. No corte el hilo que no esté utilizando: déjelo colgando en la parte trasera de la pieza de ganchillo para recogerlo en la vuelta siguiente.

Anillo base Con una aguja de 3 mm y A, hacer 4 cad. y unirlas con un punto raso a la primera cadeneta para formar un anillo.

Vuelta 1 (LD) Utilizando A, 3 cad., 2 p.a.d. en el anillo (cuenta como el primer grupo de 3 p.a.d.), hacer [1 cad., 3 p.a.d.] 3 veces en el anillo, 1 cad., unir con un punto raso a la parte superior de las 3 cad. en el extremo de la vuelta. *4 grupos de 3 p.a.d.*

Diagrama de punto Punto rueda

CLAVE

- ○ = cadeneta
- + = punto alto
- ⊤ = punto alto doble
- = punto racimo (puntos altos cerrados en un mismo punto)

Hilera 5
Hilera 4
Hilera 3
Hilera 2
Hilera 1

Vuelta 7 Utilizando A, 3 cad., 2 p.a.d. en el esp. entre el primer y el último grupo de p.a.d., 3 p.a.d. en el siguiente esp., [3 p.a.d. en el p.a.d. central del siguiente grupo de 3 p.a.d., 3 p.a.d. en cada uno de los siguientes 6 esp.] 3 veces, 3 p.a.d. en el p.a.d. central del siguiente grupo de 3 p.a.d., 3 p.a.d. en cada uno de los siguientes 4 esp., unir con un punto raso a la parte superior de las 3 cad. al principio de la vuelta. *28 grupos de 3 p.a.d.*

Vuelta 8 Utilizando B, 3 cad., 2 p.a.d. en el esp. entre el primer y el último grupo de 3 p.a.d., 3 p.a.d. en cada uno de los siguientes 6 esp., [3 p.a.d. en el p.a.d. central del siguiente grupo de 3 p.a.d., 3 p.a.d. en cada uno de los siguientes 7 esp.] 3 veces, 3 p.a.d. en el p.a.d. central del siguiente grupo de 3 p.a.d., unir con un punto raso a la parte superior de las 3 cad. al principio de la vuelta. *32 grupos de 3 p.a.d.*

Vuelta 9 Utilizando A, 3 cad., 2 p.a.d. en el esp. entre el primer y el último grupo de 3 p.a.d., 3 p.a.d. en cada uno de los siguientes 3 esp., [3 p.a.d. en el p.a.d. central del siguiente grupo de 3 p.a.d., 3 p.a.d. encada uno de los siguientes 8 esp.] 3 veces, 3 p.a.d. en el p.a.d. central del siguiente grupo de 3 p.a.d., 3 p.a.d. en cada uno de los siguientes 4 esp., unir con un punto raso en la parte superior de las 3 cad. al principio de la vuelta. *36 grupos de 3 p.a.d.* **Vuelta 10** Utilizando B, 3 cad., 2 p.a.d. en el esp. entre el primer y el último grupo de 3 p.a.d., 3 p.a.d. en cada uno de los siguientes 5 esp., [3 p.a.d. en el p.a.d. central del siguiente grupo de 3 p.a.d., 3 p.a.d. en cada uno de los siguientes 9 esp.] 3 veces, 3 p.a.d. en el p.a.d. central del siguiente grupo de 3 p.a.d., 3 p.a.d. en cada uno de los siguientes 3 esp., unir con un punto raso a la parte superior de las 3 cad. al principio de la vuelta. *40 grupos de 3 p.a.d.*
Rematar.
Ribete
Con el LD de la pieza hacia arriba y utilizando una aguja de 3 mm y B, unir el hilo con un punto raso a cualquier punto en el borde de la pieza del extremo del cojín y tejer como sigue: Saltar los siguientes 2 p., hacer [2 p.a.d., 1 cad., 1 p.a.t., 1 cad., 2 p.a.d.] todos en el siguiente p., *saltar los siguientes 2 p., 1 punto raso en el siguiente p., saltar los siguientes 2 p., hacer [2 p.a.d., 1 cad., 1 p.a.t., 1 cad., 2 p.a.d.] todos en el siguiente p.; rep. desde * hasta el extremo, unir con un punto raso al primer punto raso. Rematar.
Hacer la segunda pieza del extremo de la almohada exactamente de la misma manera.

Para el acabado
Esconder los cabos sueltos.
Colocar plana la pieza de ganchillo y plancharla al vapor por el lado del revés.
Coser juntas la primera y la última hilera de la pieza central de la almohada. Coser en un extremo todo alrededor, dejando libre el ribete, y en la parte exterior de la funda de la almohada. Introducir la almohada cilíndrica de plumas y coser el segundo extremo de la misma manera que el primero.
Coser un botón en el centro de cada extremo.

Lección magistral

Cómo hacer un ribete festoneado
Añadir un ribete de ganchillo confiere un toque final muy decorativo; se puede hacer no solo con una pieza de ganchillo, sino también con una pieza de calceta o incluso con una pieza de tela tejida. Para este ribete festoneado se necesita una hilera base sobre la que tejer. Si la pieza de ganchillo no tiene una hilera base adecuada, hacer una hilera o vuelta de punto alto. Cuando teja este ribete, asegúrese de que el lado del derecho del ribete festoneado esté hacia arriba.

1 Asegúrese de que la hilera base sea múltiplo de 6 puntos. Una el hilo al borde con un punto raso, saltar 2 puntos y, a continuación, *hacer 2 puntos altos dobles, 1 cadeneta, 1 punto alto triple, 1 cadeneta, 2 puntos altos dobles en el siguiente punto.

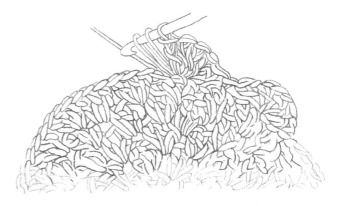

2 Saltar 2 puntos, 1 punto raso en el siguiente punto, saltar 2 puntos. Continuar repitiendo desde * hasta el extremo de la vuelta o de la hilera. Cuando el ribete esté completado, unir con un punto raso al primer punto raso.

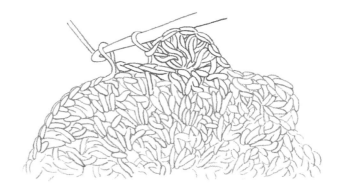

Colcha de cuadrados estilo «vieja América»  14

En esta colcha se combinan dos motivos cuadrados
tradicionales. El motivo resultante, denominado
«vieja América», es un básico y todo principiante
en la práctica del ganchillo debería poder dominarlo.
Sobrecosiendo juntos dos de estos motivos cuadrados
se obtiene el centro rectangular alrededor del cual se
tejen el resto de vueltas de la pieza. ¿Y el resultado?
Una colcha que tiene las dimensiones perfectas
para una cama o un sofá.

Nivel de habilidad

INTERMEDIO

En este proyecto aprenderemos
A hacer un motivo cuadrado sencillo.

Puntos utilizados
Punto alto doble.

Tamaño
Unos 111,5 cm de ancho x 121 cm de largo.

Materiales
Rowan Cotton Glacé, hilo de algodón fino, en 11 colores:
  A 3 x 50 g ovillos color oliva (739 Dijon);
  B 2 x 50 g ovillos color borgoña (805 Burgundy);
  C 3 x 50 g ovillos color marrón (843 Toffee);
  D 1 x 50 g ovillo color lila grisáceo (828 Heather);
  E 3 x 50 g ovillos color marrón claro (838 Umber);
  F 1 x 50 g ovillo color granate (841 Garnet);
  G 2 x 50 g ovillos color rosa pálido (747 Candy Floss);
  H 2 x 50 g ovillos color rosa medio (724 Bubbles);
  J 3 x 50 g ovillos color malva oscuro (806 Delight);
  K 2 x 50 g ovillos color gris oscuro (808 Mystic);
  L 2 x 50 g ovillos color azul verdoso (829 Twilight);
  Agujas de ganchillo de 2,5 mm y de 3 mm.

Tensión
Un cuadrado estilo «vieja América» básico mide 9,5 x 9,5 cm
con una aguja de 3 mm.
5 grupos de 3 puntos altos dobles y 9 ½ hileras en 10 cm
medidos sobre el patrón principal de la colcha con una
aguja de 3 mm.

Abreviaturas
Véase página 45.

Diagrama de punto
Véase página 57 para el diagrama de símbolos.

Para hacer la colcha
El centro de la colcha, que está compuesto de dos motivos
cuadrados básicos cosidos juntos lado con lado, se teje
primero. Y después se teje el resto de la colcha alrededor
de este centro rectangular.
Motivos cuadrados básicos (tejer 2)
Anillo base Con una aguja de 3 mm y A, hacer 6 cad.
y unirlas con un punto raso a la primera cadeneta para
formar un anillo.
Vuelta 1 (LD) Utilizando A, 3 cad. (cuenta como primer
p.a.d.), 2 p.a.d. en el anillo, [3 cad., 3 p.a.d. en el anillo]
3 veces, 3 cad., unir con un punto raso a la parte superior
de las 3 cad. al principio de la vuelta. Rematar.
Vuelta 2 Utilizando B, unir el hilo con un punto raso a
cualquier esp. de 3 cad., 3 cad. (cuenta como el primer p.a.d.),
[2 p.a.d.. 3 cad., 3 p.a.d.] en el mismo esp. de 3 cad., *1 cad.,
[3 p.a.d., 3 cad., 3 p.a.d.] en el siguiente esp. de 3 cad.; rep.
desde *2 veces más, 1 cad., unir con un punto raso a la parte
superior de las 3 cad. al principio de la vuelta. Rematar.
Vuelta 3 Utilizando C, unir el hilo con un punto raso a
cualquier esp. de 3 cad., 3 cad. (cuenta como el primer
p.a.d.), [2 p.a.d, 3 cad., 3 p.a.d.] en el mismo esp. de
3 cad., *1 cad, 3 p.a.d. en el siguiente esp. de 1 cad., 1 cad.,
[3 p.a.d., 3 cad., 3 p.a.d.] en el siguiente esp. de 3 cad.; rep
desde *2 veces más, 1 cad., 3 p.a.d. en el siguiente esp. de
1 cad., 1 cad., unir con un punto raso a la parte superior
de las 3 cad. al principio de la vuelta. Rematar.
Vuelta 4 Utilizando D, unir el hilo con un punto raso a
cualquier esp. de 3 cad., 3 cad. (cuenta como el primer

p.a.d.), [2 p.a.d., 3 cad., 3 p.a.d.] en el mismo esp. de 3 cad., *[1 cad., 3 p.a.d. en el siguiente esp. de 1 cad.] 2 veces, 1 cad., [3 p.a.d., 3 cad., 3 p.a.d.] en el siguiente esp. de 3 cad.; rep. desde * 2 veces más, [1 cad., 3 p.a.d. en el siguiente esp. de 1 cad.] 2 veces, 1 cad., unir con un punto raso a la parte superior de las 3 cad. al principio de la vuelta. Rematar.

Hacer el segundo motivo cuadrado básico de la misma manera, pero utilizando E para el anillo base y la vuelta 1, F para la 2, A para la 3 y G para la 4.

Pieza principal de la colcha

Para formar el centro rectangular de la colcha, coser juntos los dos motivos cuadrados básicos a lo largo de un lado utilizando puntos de sobrehilado.

Tejer el resto de la colcha alrededor de este rectángulo como sigue:

Vuelta 1 (LD) Con el LD de la pieza hacia arriba y utilizando F, unir el hilo con un punto raso a un esp. de 3 cad. al com. de un borde largo y, a continuación, hacer 3 cad. (cuenta como el primer p.a.d.), [2 p.a.d., 3 cad., 3 p.a.d.] en el mismo esp. de 3 cad., [1 cad., 3 p.a.d. en el siguiente esp. de 1 cad.] 8 veces, 1 cad., [3 p.a.d., 3 cad., 3 p.a.d.] en el siguiente esp. de 3 cad., [1 cad., 3 p.a.d. en el siguiente esp. de 1 cad.] 3 veces, 1 cad., [3 p.a.d., 3 cad., 3 p.a.d.] en el siguiente esp. de 3 cad., [1 cad., 3 p.a.d. en el siguiente esp. de 1 cad.] 8 veces, 1 cad., [3 p.a.d., 3 cad., 3 p.a.d.] en el siguiente esp. de 3 cad., [1 cad., 3 p.a.d. en el siguiente esp. de 1 cad.] 3 veces, 1 cad., unir con un punto raso a la parte superior de las 3 cad. al principio de la vuelta. Rematar.

Vuelta 2 Utilizando H, unir el hilo con un punto raso a cualquier esp. de 3 cad., 3 cad. (cuenta como el primer p.a.d.), [2 p.a.d., 3 cad., 3 p.a.d.] en el mismo esp. de 3 cad., *[1 cad., 3 p.a.d.] en cada uno de los esp. de 1 cad. hasta llegar al esp. de 3 cad. de la siguiente esquina, 1 cad., [3 p.a.d., 3 cad., 3 p.a.d.] en este esp. de 3 cad.; rep. desde *2 veces más, [1 cad. 3 p.a.d.] en cada uno de los esp. de

1 cad. hasta el extremo de la vuelta, 1 cad., unir con un punto raso a la parte superior de las 3 cad. al principio de la vuelta. Rematar.

Repetir la 2.ª vuelta durante 46 vueltas más, cambiando de color en cada vuelta y utilizando los siguientes colores: 3ª vuelta E; 4.ª vuelta J; 5.ª vuelta A; 6.ª vuelta E; 7.ª vuelta G; 8.ª vuelta K; 9.ª vuelta C; 10.ª vuelta B; 11.ª vuelta D; 12.ª vuelta F; 13.ª vuelta A; 14.ª vuelta L; 15.ª vuelta G; 16.ª vuelta E; 17.ª vuelta H; 18.ª vuelta J; 19.ª vuelta C; 20.ª vuelta K; 21.ª vuelta L; 22.ª vuelta H; 23.ª vuelta A; 24.ª vuelta F; 25.ª vuelta D; 26.ª vuelta A; 27.ª vuelta B; 28.ª vuelta E; 29.ª vuelta G; 30.ª vuelta J; 31.ª vuelta F; 32.ª vuelta L; 33.ª vuelta H; 34.ª vuelta C; 35.ª vuelta K; 36.ª vuelta B; 37.ª vuelta C; 38.ª vuelta G; 39.ª vuelta J; 40.ª vuelta A; 41.ª vuelta K; 42.ª vuelta E; 43.ª vuelta H; 44.ª vuelta J; 45.ª vuelta L; 46.ª vuelta A; 47.ª vuelta C; 48.ª vuelta J.

Rematar.

La colcha ahora mide aproximadamente 110,5 x 120 cm.

Para el acabado

Esconder los cabos sueltos.

Ribete

Con una aguja de 2,5 mm y E, unir el hilo con un punto raso a cualquier esp. de 3 cad. en el borde exterior de la colcha, 3 cad., [2 p.a.d., 3 cad., 3 p.a.d.] en el mismo esp. de 3 cad. y, a continuación, hacer 1 p.a.d. en cada p.a.d., 1 p.a.d. en cada uno de los esp. de 1 cad. y [3 p.a.d., 3 cad., 3 p.a.d.] en el esp. de cada esquina hasta el extremo, unir con un punto raso a la parte superior de las 3 cad. al principio de la vuelta. Rematar.

Colocar plana la pieza de ganchillo y plancharla al vapor por el lado del revés.

Lección magistral

Cómo escoger hilos y colores para un proyecto

El éxito de un proyecto de ganchillo a menudo reside en la calidad del hilo seleccionado, además de en la gama de colores. Los motivos cuadrados tradicionales, o cuadrados estilo «vieja América», como los que hay en el centro de esta colcha, se tejen con frecuencia en lana, que proporciona un tacto suave y un tejido fluido. Sin embargo, he elegido un hilo de algodón natural para este proyecto, porque ofrece una buena claridad de puntos, tiene un brillo atractivo y proporciona unos colores nítidos. Cuando se plantee utilizar un hilo determinado, haga una muestra grande y responda a estas cuestiones: ¿Es demasiado pesado o demasiado ligero? ¿Es suave al tacto? ¿Le gusta el efecto de conjunto? Tanto para diseñar prendas como accesorios o artículos del hogar, me inclino por una gama de colores sobria de tonos apagados. Prefiero los colores característicos de los hilos naturales como base, y suelo introducir otros más vivos para aportar toques de luz al esquema de color. Para esta colcha, una base de marrones, grises y verde oliva proporciona un fondo discreto para los rojos, rosas y ciruela más fuertes. El tono lima ácida es uno de mis colores de contraste favoritos para yuxtaponerlo sobre un blanco crudo suave, un beige, un castaño y un gris. O para una combinación de colores clásica, combino un azul medio con marrones tierra, o utilizo una gama tonal de grises.

Salvamanteles con motivos

Una manera sencilla y práctica de aprender a hacer tres diferentes motivos redondos en ganchillo. Cada uno de ellos está hecho con algodón y tejido en unos sutiles tonos neutros complementarios para crear un elemento de sobremesa contemporáneo, artesanal y con estilo. ¡Un magnífico y económico regalo para el hogar!

Nivel de habilidad

INTERMEDIO

En este proyecto aprenderemos

A hacer motivos intrincados.

Puntos utilizados

Punto alto; punto medio alto doble;
punto alto doble; punto alto triple; punto hinchado;
racimos de puntos altos dobles.

Tamaño

Cada salvamantel mide unos 20 cm de diámetro.

Materiales

Rowan Handknit Cotton, hilo de algodón ligero, a elegir color:
1 ovillo de 50 g para cada motivo de los salvamanteles en
   uno de los siguientes colores:

       Verde salvia pálido (330 Raffia);
       Lila azulado (334 Delphinium);
       Blanco crudo (205 Linen);
       Berenjena (348 Aubergine);
       Marrón topo (253 Tope);
Aguja de ganchillo de 5 mm.

Tensión

Cada motivo acabado mide unos 20 cm de diámetro con
una aguja de 5 mm e hilo doble.

Abreviaturas

1 punto hinchado = [e.h.a.a., introducir la aguja en el anillo
y pasar una lazada larga por el anillo] 2 veces, e.h.a.a. y
pasar una lazada por los 5 lazos en la aguja.
1 punto racimo (puntos altos cerrados en un mismo punto)
= [e.h.a.a. e introducir la aguja en el siguiente p.a.d.,
e.h.a.a. y pasar una lazada por el p.a.d., e.h.a.a. y pasar una
lazada por los 2 primeros lazos en la aguja] 5 veces, e.h.a.a.
y pasar una lazada por los 6 lazos en la aguja.
4 puntos altos dobles juntos = [e.h.a.a. e introducir la aguja
en el siguiente p.a.d., e.h.a.a. y pasar una lazada por el

p.a.d., e.h.a.a. y pasar una lazada por los 2 primeros lazos en
la aguja] 4 veces, e.h.a.a. y pasar una lazada por los 5 lazos
en la aguja.
Véase también página 45.

Nota especial sobre el hilo

Utilizar dos hebras de hilo unidas para toda la pieza.

Para hacer un salvamanteles con motivo de rueda de carro

Este salvamanteles se muestra tejido en tres colores
diferentes: verde salvia pálido (Raffia), marrón topo (Tope)
y lila azulado (Delphinium).
Anillo base Con una aguja de 5 mm e hilo doble, hacer
4 cad. y unirlas con un punto raso a la primera cadeneta
para formar un anillo.
Vuelta 1 (LD) 3 cad. y 1 p.a.d. en el anillo (cuenta como el
primer punto hinchado), 1 cad., [1 punto hinchado, 1 cad.]
7 veces en el anillo, unir con un punto raso a la parte
superior de las 3 cad. al principio de la vuelta. *8 pétalos.*
Vuelta 2 1 punto raso en el siguiente p.a.d., 1 punto raso en el
esp. de la siguiente cad., 3 cad., 1 p.a.d. en el mismo esp. de
cad. que el último punto raso, 2 cad., [2 p.a.d., 2 cad.] en cada
uno de los esp. de las siguientes 7 cad., unir con un punto
raso a la parte superior de las 3 cad. al principio de la vuelta.
Vuelta 3 1 punto raso en el siguiente p.a.d., 1 punto raso
en el esp. de la siguiente cad., 3 cad., [1 p.a.d., 1 cad.,
2 p.a.d.] en el mismo esp. de cad. que el último punto raso,
1 cad., [2 p.a.d., 1 cad.] 2 veces en cada uno de los esp. de las
siguientes 7 cad., unir con un punto raso a la parte superior
de las 3 cad. al principio de la vuelta.
Vuelta 4 1 punto raso en el siguiente p.a.d., 1 punto raso en
el esp. de la siguiente cad., 3 cad., 2 p.a.d. en el mismo esp.
de cad. que el último punto raso, 1 cad., [2 p.a.d., 1 cad.] en
cada uno de los esp. de las siguientes 15 cad., unir con un
punto raso a la parte superior de las 3 cad. al principio
de la vuelta.
Vuelta 5 1 punto raso en cada uno de los siguientes 2 p.a.d.,
1 punto raso en el esp. de la siguiente cad., 3 cad., 3 p.a.d.
en el mismo punto de cad. en el esp. de la siguiente cad.,
3 cad., 3 p.a.d. en el mismo esp. de cad. que el último punto
raso, 1 cad., [4 p.a.d., 1 cad.] en cada uno de los esp. de

las siguientes 15 cad., unir con un punto raso a la parte superior al principio de la vuelta.

Vuelta 6 1 punto raso en cada uno de los siguientes 3 p.a.d., 1 punto raso en el esp. de la siguiente cad., 3 cad., 3 p.a.d. en el mismo esp. de cad. que el último punto raso, 2 cad., [4 p.a.d., 2 cad.] en cada uno de los esp. de las siguientes 15 cad., unir con un punto raso a la parte superior de las 3 cad. al principio de la vuelta. Rematar.

Para hacer un salvamanteles con motivo de rueda de begonias

Este salvamanteles se muestra tejido en dos colores diferentes: blanco crudo (Linen) y lila azulado (Delphinium).
Anillo base Con una aguja de 5 mm e hilo doble, hacer 6 cad. y unirlas con un punto raso a la primera cadeneta para formar un anillo.
Vuelta 1 (LD) 3 cad. (cuenta como el primer p.a.d.), 13 p.a.d. en el anillo, unir con un punto raso a la parte superior de las 3 cad. al principio de la vuelta.
Vuelta 2 3 cad. (cuenta como el primer p.a.d.), 2 p.a.d. en el mismo lugar que el último punto raso, * 1 cad., saltar 1 p.a.d., 3 p.a.d. en el siguiente p.a.d.; rep. desde * 5 veces más, 1 cad., unir con un punto raso a la parte superior de las 3 cad. al principio de la vuelta.
Vuelta 3 1 punto raso en el siguiente p.a.d., 3 cad. (cuenta como el primer p.a.d.), 1 p.a.d. en el mismo p.a.d. que el punto raso, * 1 cad., 2 p.a.d. en el esp. de la siguiente cad., 1 cad., saltar 1 p.a.d., 2 p.a.d. en el siguiente p.a.d. (el p.a.d. central del grupo de 3 p.a.d.); rep. desde * 5 veces más, 1 cad., 2 p.a.d. en el esp. de la siguiente cad., 1 cad., unir con un punto raso a la parte superior de las 3 cad. al principio de la vuelta.
Vuelta 4 [4 cad., 1 p.a. en el esp. de la siguiente cad.] 13 veces, 2 cad., 1 p.a.d. en la base de la primera cad.
Vuelta 5 [4 cad., 1 p.a. en el centro del esp. de las siguientes 4 cad.] 13 veces, 2 cad., 1 p.a.d. en el p.a.d. en el extremo de la hilera anterior.
Vuelta 6 3 cad. (cuenta como el primer p.a.d.), 3 p.a.d. en el esp. formado por el p.a.d. en el extremo de la hilera anterior, 4 p.a.d. en cada uno de los siguientes 13 esp. de 4 cad., unir con un punto raso a la parte superior de las 3 cad. al principio de la vuelta.
Vuelta 7 3 cad., 1 p.a.d. en el mismo lugar que el último punto raso, 1 p.a.d. en cada uno de los siguientes 3 p.a.d., *2 p.a.d. en el siguiente p.a.d., 1 p.a.d. en cada uno de los siguientes 3 p.a.d.; rep. desde * 12 veces más, unir con un punto raso a la parte superior de las 3 cad. al principio de la vuelta. Rematar

Para hacer un salvamanteles con motivo de cristal de hielo

Este salvamanteles se muestra tejido en tres colores diferentes: blanco crudo (Linen), verde salvia pálido (Raffia) y berenjena (Aubergine).
Anillo base Con una aguja de 5 mm e hilo doble, hacer 6 cad. y unirlas con un punto raso a la primera cadeneta para formar un anillo.
Vuelta 1 (LD) 1 cad. (NO cuenta como punto), 12 p.a. en el anillo, unir con un punto raso al primer p.a. *12 p.a.*
Vuelta 2 1 cad. (NO cuenta como punto), 1 p.a. en el mismo lugar que el último punto raso, [7 cad., saltar 1 p.a., 1 p.a. en el siguiente p.a.] 5 veces, 3 cad., 1 p.a.t. en la parte superior del primer p.a.
Vuelta 3 3 cad. (cuenta como el primer p.a.d.), 4 p.a.d. en el esp. formado por p.a.t. en el extremo de la hilera anterior, [3 cad., 5 p.a.d. en el siguiente esp. de 7 cad.] 5 veces, 3 cad., unir con un punto raso a la parte superior de las 3 cad. al principio de la vuelta.
Vuelta 4 3 cad. (cuenta como el primer p.a.d.), 1 p.a.d. en cada uno de los siguientes 4 p.a.d., * 3 cad., 1 p.a. en el siguiente esp. de 3 cad., 3 cad., ** 1 p.a.d. en cada uno de los siguientes 5 p.a.d.; rep. desde * 4 veces más y desde * hasta ** 1 vez más, unir con un punto raso a la parte superior del primer punto racimo.
Vuelta 5 3 cad. y 4 puntos altos dobles juntos en los siguientes 4 p.a.d. (cuenta como el primer punto racimo), * [5 cad., 1 p.a. en el siguiente esp. de 3 cad.] 2 veces, 5 cad., ** 1 punto racimo en los siguientes 5 p.a.d.; rep. desde * 4 veces más y desde * hasta ** otra vez, unir con un punto raso en la parte superior del primer punto racimo.
Vuelta 6 3 cad., 4 p.a.d. en el primer esp. de 5 cad., [2 cad., 1 p.a. en el siguiente esp. de 5 cad., 2 cad., 5 p.a.d. en el siguiente esp. de 5 cad., 2 cad., 5 p.a.d. en el siguiente esp. de 5 cad.] 5 veces, 2 cad., 1 p.a. en el siguiente esp. de 5 cad., 2 cad., 5 p.a.d. en el siguiente esp. de 5 cad., 2 cad., unir con un punto raso a la parte superior de las 3 cad. al principio de la vuelta. Rematar.

Para el acabado de todos los motivos

Esconder los cabos sueltos. Colocar plana la pieza de ganchillo y plancharla al vapor por el lado del revés.

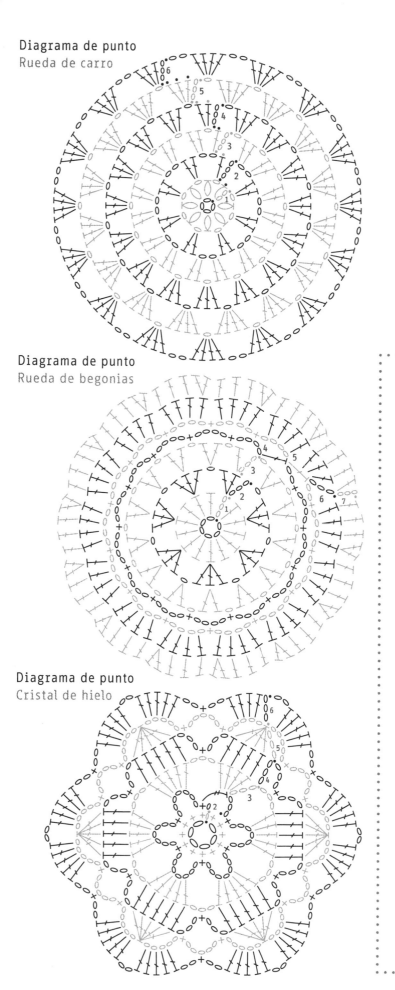

Diagrama de punto
Rueda de carro

Diagrama de punto
Rueda de begonias

Diagrama de punto
Cristal de hielo

Lección magistral

Consejos para tejer motivos

Si nunca antes ha intentado hacer un motivo, lea la explicación de las páginas 38-39 sobre tejer en vueltas. El motivo de la rueda de carro es el salvamanteles más fácil de todos. También es muy versátil, porque con solo tres vueltas se puede hacer un posavasos y, si se tejen las seis vueltas, se convierte en un salvamanteles.

Si encuentra dificultades para hacer encajar todos los puntos de la primera vuelta en el anillo base del motivo, lo que puede pasar con un hilo grueso, deshaga la labor y vuelva a empezar. Esta vez teja las cadenetas del anillo sin apretar o agregue una o dos cadenetas para hacerlo más grande, y deje un extremo suelto largo al principio. Coloque la cola del hilo en la parte trasera del motivo, a la altura de la cadeneta del anillo, y teja todos los puntos de la primera vuelta sobre él para que quede capturado en la base de los puntos. Después puede tirar del extremo para cerrar el orificio en el centro del anillo si lo desea. Esto también conlleva que haya que esconder menos cabos más tarde.

Al principio de cada vuelta coloque un marcador de puntos en el primer punto (un imperdible o un hilo de color servirán). Si perdiera la cuenta de la vuelta en la que se encuentra, solo tiene que contar los marcadores de puntos. Siga el diagrama de símbolos al tejer las hileras, ya que a veces es más fácil de entender que las instrucciones escritas.

salvamanteles con motivos **119**

Collar de cadeneta de margaritas

Este hermoso collar se hace a partir de una cadeneta larga tejida con hilo de lino fino, que se adorna con motivos individuales de hojas y flores. He añadido botones de nácar natural a intervalos irregulares para introducir una textura contrastante, pero de matices tonales naturales.

Nivel de habilidad

FÁCIL

En este proyecto aprenderemos

A practicar puntos de cadeneta uniformes.
A hacer motivos de flores y hojas pequeñas.
A agregar botones y cuentas.

Puntos utilizados

Cadenetas; punto alto; punto medio alto doble;
punto alto doble; punto alto triple

Tamaño

Unos 315 cm de largo, pero se puede ajustar fácilmente para adaptarlo a la longitud deseada.

Materiales

Anchor Artiste Linen Crochet Thread No. 10, hilo de lino
  para ganchillo n.º 10, en un color:
      1 ovillo de 50 g en color natural (tono 392).
Aguja de ganchillo de 2 mm.
16 botones de nácar natural redondos de dos agujeros
(11 de 8-11 mm; 5 de 14-18 mm).

Tensión

No es necesario tejer con una tensión específica para este proyecto.

Abreviaturas

Véase página 45.

Notas especiales sobre el patrón

Cuando teja las flores y las hojas, deje un extremo largo, que se utilizará para sujetar el motivo a la cadeneta. El número de motivos y botones especificado solo es una sugerencia: modifique la cantidad a su gusto.

Para hacer el collar

Con una aguja de 2 mm, hacer una cadeneta que mida aproximadamente 315 cm. Rematar.
La cadeneta debería ser lo bastante larga para poder darle vueltas alrededor del cuello varias veces, sin necesidad de un cierre.

Flor de cinco pétalos (tejer 13)

Anillo base Con una aguja de 2 mm, hacer 4 cad. y unirlas con un punto raso a la primera cadeneta para formar un anillo.
Vuelta 1 1 cad., * 1 p.a. en el anillo, 3 cad., [e.h.a.a. e introducir la aguja en el anillo, e.h.a.a. y pasar una lazada por el anillo, e.h.a.a. y pasar una lazada por los 2 primeros lazos en la aguja] 2 veces, e.h.a.a. y pasar una lazada por los 3 lazos en la aguja (lo que se denomina «2 puntos altos dobles juntos»), 3 cad.; rep. desde * 4 veces más, unir con un punto raso a la parte superior del primer p.a. *5 pétalos hechos.*
Rematar.

Flor de conchas en racimo (tejer 2)

Anillo base Con una aguja de 2 mm, hacer 4 cad. y unirlas con un punto raso a la primera cadeneta para formar un anillo.
Vuelta 1 *3 cad., 2 p.a.d. en el anillo, 3 cad., 1 punto raso en el último p.a.d. tejido (una puntilla hecha), 1 p.a.d. en el anillo, 3 cad., 1 punto raso en el anillo, 3 cad., 3 p.a.d. en el anillo, 3 cad., 1 punto raso en el anillo; rep. desde * 1 vez más. *4 pétalos hechos.*
Rematar.

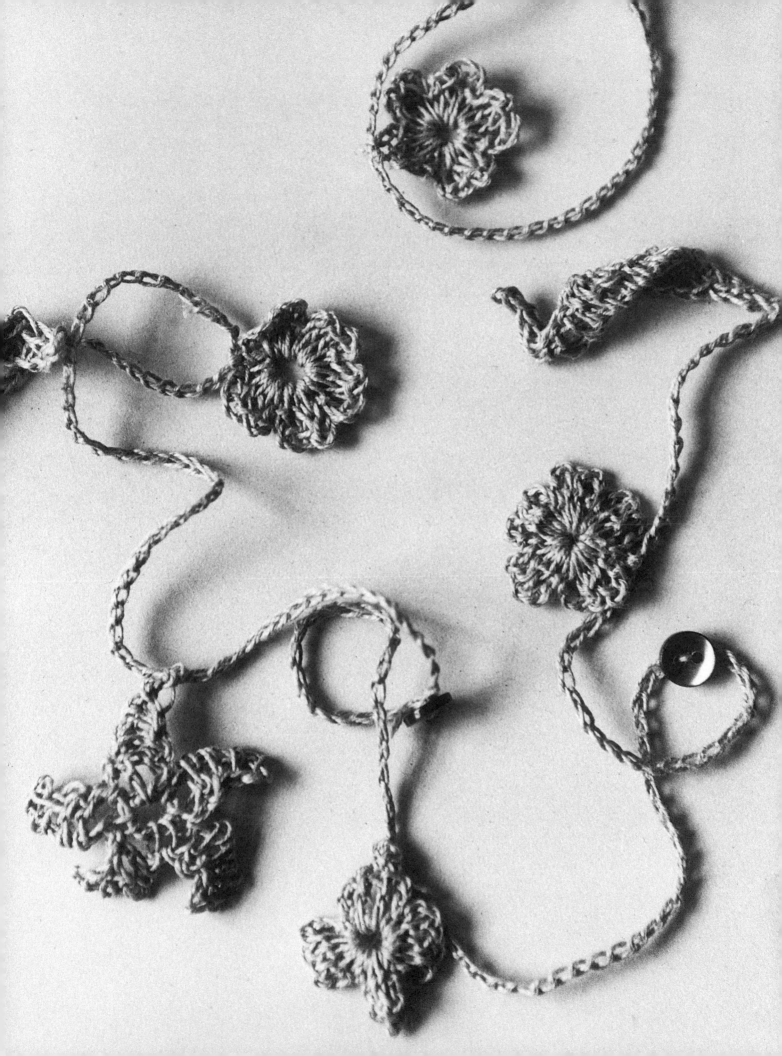

Diagrama de punto Hoja pequeña

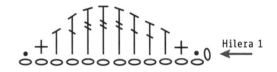

Hilera 1

Flor puntiaguda (tejer 2)

Anillo base Con una aguja de 2 mm, hacer 4 cad. y unirlas con un punto raso a la primera cadeneta para formar un anillo.

Vuelta 1 1 cad., 1 p.a. en el anillo, *5 cad., 1 p.a. en la 2.ª cad. desde la aguja, 1 p.m.a.d. en la siguiente cad., 1 p.a.d. en cada una de las siguientes 2 cad., 1 p.a. en el anillo; rep. desde * 3 veces más, 5 cad., 1 p.a. en la 2.ª cad. desde la aguja, 1 p.m.a.d. en la siguiente cad., 1 p.a.d. en cada una de las siguientes 2 cad., unir con un punto raso a la parte superior del primer p.a.
Rematar.

Hoja pequeña (tejer 6)

Cadeneta base Con una aguja de 2 mm, hacer 13 cad.
Vuelta 1 Hacer 1 punto raso en la 2.ª cad. desde la aguja, 1 p.a. en la siguiente cad., 1 p.m.a.d. en la siguiente cad., 1 p.a.d. en cada una de las siguientes 2 cad., 1 p.a.t. en cada una de las siguientes 3 cad., 1 p.a.d. en la siguiente cad., 1 p.m.a.d. en la siguiente cad., 1 p.a. en la siguiente cad., 1 punto raso en la última cad.
Rematar.

Para el acabado

Coser juntos los dos extremos de la cadeneta.
Esconder los cabos sueltos, dejando los extremos sueltos largos en los motivos.
Utilizando los extremos sueltos largos, coser los motivos al azar por toda la cadeneta. Con hilos de coser a juego, coser los pequeños botones de nácar natural a la cadeneta, entremezclándolos con los motivos en ganchillo.

Diagrama de punto Flor de cinco pétalos	Diagrama de punto Flor de conchas en racimo

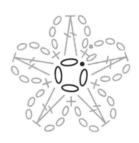

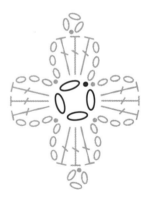

Diagrama de punto Flor puntiaguda

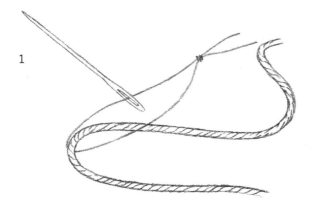

1

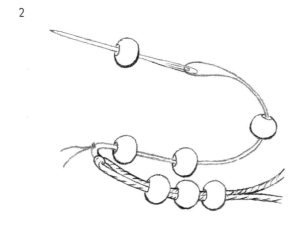

2

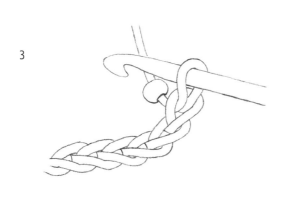

3

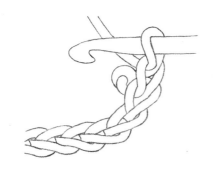

4

Lección magistral

Cómo incluir cuentas y botones a ganchillo en una cadeneta

Si desea incluir cuentas o botones a ganchillo en la pieza, en lugar de coserlos después, es esencial ensartarlos en el hilo antes de empezar a tejer.

1 Enhebrar una aguja de coser fina con hilo de coser y hacer un nudo pequeño para unir los cabos y formar un lazo. Desplazar el nudo para que no esté en línea horizontalmente con la aguja de coser.

2 Introducir el extremo del hilo de ganchillo en el lazo creado por el hilo de coser y, a continuación, pasar las cuentas por la cabeza de la aguja y empujarlas hacia el hilo de coser y después hacia el hilo de ganchillo. Las primeras cuentas pueden resultar difíciles, pero mientras los agujeros de las cuentas sean lo bastante grandes, ensartarlas será tarea fácil.

3 Hacer cadenetas allí donde se requiera una cuenta o un botón. A continuación, deslizar estos últimos a lo largo del hilo hasta que se sitúen junto a la aguja.

4 Hacer la siguiente cadeneta envolviendo el hilo alrededor de la aguja detrás de la cuenta o el botón y pasándolo por el lazo en la aguja.

Mantas de retales

Esta elegante manta de retales está hecha por entero con el mismo motivo cuadrado, 210 para ser exactos, colocados al azar y sobrecosidos juntos primorosamente. Tejer las distintas vueltas en uno, dos, tres o cuatro colores diferentes crea un fascinante efecto óptico que descompone el motivo en mayor o menor grado al tiempo que acentúa sus formas redondas o cuadradas.

Nivel de habilidad

INTERMEDIO

En este proyecto aprenderemos

A disponer motivos de colores para obtener un efecto de mosaico (*véase* la lección magistral en la página 126).

Puntos utilizados

Punto alto doble.
Punto alto.

Tamaño

Unos 128 cm de ancho x 137 cm de largo.

Materiales

Rowan Cashsoft 4-Ply, hilo de mezcla de cachemira y lana superfino, en 7 colores:

> A 4 ovillos de 50 g en color malva (446 Quartz);
> B 4 ovillos de 50 g en color marrón claro (456 Arran);
> C 3 ovillos de 50 g en color gris (437 Thunder);
> D 5 ovillos de 50 g en color arcilla pálida (451 Elite);
> E 5 ovillos de 50 g en color turquesa (459 Toxic);
> F 3 ovillos de 50 g en color castaño oscuro (432 Bark);
> G 2 ovillos de 50 g en color negro (422 Black).

Agujas de ganchillo de 2,5 y 3 mm

Tensión

Cada cuadrado mide aproximadamente 9 x 9 cm con una aguja de 3 mm.

Abreviaturas

Véase la página 45.

Para hacer los motivos cuadrados

Véanse las instrucciones de la manta para los colores.
Anillo base Con una aguja de 3 mm y el color requerido para la vuelta 1, hacer 8 cad. y unirlas con un punto raso a la primera cadeneta para formar un anillo.
Vuelta 1 (LD) 3 cad. (cuenta como el primer p.a.d.), 15 p.a.d. en el anillo, unir con un punto raso a la parte superior de las 3 cad. al principio de la vuelta.
Vuelta 2 5 cad. (cuenta como el primer p.a.d. y el esp. de 2 cad.), [1 p.a.d. en el siguiente p.a.d., 2 cad.] 15 veces, unir con un punto raso a la 3.ª cad. de las 5 cad. al principio de la vuelta. *16 rayos.*
Vuelta 3 3 cad. (cuenta como el primer p.a.d.), 2 p.a.d. en el esp. de las primeras 2 cad., 1 cad., [3 p.a.d. en el esp. de las siguientes 2 cad., 1 cad.] 15 veces, unir con un punto raso a la parte superior de las 3 cad.
Vuelta 4 1 punto raso en cada uno de los siguientes 2 p.a.d. y en el siguiente esp. de 1 cad., 1 cad., 1 p.a. en el mismo esp. de 1 cad. que el punto raso, *[3 cad., 1 p.a. en el siguiente esp. de 1 cad.] 3 veces, 6 cad., 1 p.a. en el siguiente esp. de 1 cad.; rep. desde * 3 veces más, omitiendo 1 p.a. en el extremo de la última repetición, unir con un punto raso al primer p.a.
Vuelta 5 3 cad. (cuenta como el primer p.a.d.), 2 p.a.d. en el primer esp. de 3 cad., [3 p.a.d. en el siguiente esp. de 3 cad.] 2 veces, *[5 p.a.d., 2 cad., 5 p.a.d.] en el siguiente esp. de 6 cad., [3 p.a.d. en el siguiente esp. de 3 cad.] 3 veces; rep. desde * 2 veces más, [5 p.a.d., 2 cad., 5 p.a.d.] en el siguiente esp. de 6 cad., unir con un punto raso a la parte superior de las 3 cad. al principio de la vuelta. Rematar.

Para hacer la manta de retales

Hacer 15 motivos cuadrados en cada una de las siguientes combinaciones de colores para un total de 210 motivos:
Motivo 1 Hacer cada uno de estos motivos en un solo color: 2 en malva (A), 3 en marrón claro (B), 3 en gris (C), 2 en arcilla pálida (D), 3 en turquesa (E) y 2 en castaño oscuro (F).
Motivo 2 Hacer estos motivos en tres colores:
Vuelta 1 en turquesa (E), vueltas 2-4 en arcilla pálida (D), vuelta 5 en castaño oscuro (F).
Motivo 3 Hacer estos motivos en dos colores:
Vueltas 1-3 en arcilla pálida (D), vueltas 4 y 5 en malva (A).
Motivo 4 Hacer estos motivos en tres colores: vueltas 1 y 2 en negro (G), vueltas 3 y 4 en arcilla pálida (D), vuelta 5 en turquesa (E).

Motivo 5 Hacer estos motivos en tres colores: vuelta 1 en arcilla pálida (D), vuelta 2 en negro (G), vueltas 3-5 en malva (A).

Motivo 6 Hacer estos motivos en dos colores: vueltas 1-4 en castaño oscuro (F), vuelta 5 en marrón claro (B).

Motivo 7 Hacer estos motivos en tres colores: vueltas 1 y 2 en malva (A), vuelta 3 en marrón claro (B), vueltas 4 y 5 en castaño oscuro (F).

Motivo 8 Hacer estos motivos en tres colores: vuelta 1 en castaño oscuro (F), vueltas 2 y 3 en turquesa (E), vueltas 4 y 5 en arcilla pálida (D).

Motivo 9 Hacer estos motivos en dos colores: vueltas 1 y 2 en turquesa (E), vueltas 3-5 en marrón claro (B).

Motivo 10 Hacer estos motivos en tres colores: vueltas 1 y 2 en arcilla pálida (D), vueltas 3 y 4 en malva (A), vuelta 5 en gris (C).

Motivo 11 Hacer estos motivos en tres colores: vueltas 1 y 2 en gris (C), vueltas 3 y 4 en negro (G), vuelta 5 en turquesa (E).

Motivo 12 Hacer estos motivos en cuatro colores: vuelta 1 en negro (G), vuelta 2 en gris (C), vueltas 3 y 4 en turquesa (E), vuelta 5 en marrón claro (B).

Motivo 13 Hacer estos motivos en tres colores: vuelta 1 en turquesa (E), vueltas 2-4 en gris (C), vuelta 5 en arcilla pálida (D).

Motivo 14 Hacer estos motivos en dos colores: Vueltas 1-4 en turquesa (E), vuelta 5 en gris (C).

Lección magistral

Cómo disponer los motivos de colores para obtener un efecto de mosaico

A la hora de crear un efecto de mosaico, tómese su tiempo para disponer los motivos acabados. Colóquelos sobre una superficie plana en 15 hileras de 14 motivos cada una. Encontrará que existen muchas disposiciones atractivas posibles; por ejemplo, puede disponer juntos todos los motivos con la misma combinación de colores para crear bloques de color. En mi disposición, sin embargo, he buscado un efecto suave y aleatorio. En concreto, he utilizado un cuadrado de cada una de las 14 combinaciones en cada una de las 15 hileras de cuadrados, asegurándome de que nunca coincidieran las mismas combinaciones de colores.

Para el acabado

Esconder los cabos sueltos.

Colocar planos los motivos y plancharlos al vapor por el lado del revés.

Disponer los motivos en 15 hileras de 14 cuadrados (*véase* la lección magistral).

Coser juntos los 14 cuadrados en cada una de las 15 hileras hasta formar 15 tiras, utilizando pequeños puntos de sobrehilado e hilos de diferentes colores.

A continuación, unir las 15 tiras de la misma manera.

Ribete

Con una aguja de 2,5 mm, hacer el ribete como sigue:

Vuelta 1 (LD) Con el color marrón claro (B), unir el hilo con un punto raso a cualquier p.a.d. a lo largo del borde exterior de la manta, 1 cad., 1 p.a. en el mismo p.a.d. que el punto raso, a continuación hacer 1 p.a. en cada p.a.d., 1 p.a. en cada uno de los esp. a ambos lados de las costuras que unen los motivos, y [1 p.a., 1 cad., 1 p.a.] en cada esquina de la manta hasta el extremo; unir con un punto raso a la parte superior del primer p.a. Rematar.

Vuelta 2 Con el color turquesa (E), unir el hilo con un punto raso a cualquier p.a. de la vuelta anterior, 1 cad., 1 p.a. en el mismo p.a. que el punto raso, a continuación hacer 1 p.a. en cada p.a., y [1 p.a., 1 cad., 1 p.a.] en cada esquina de la manta hasta el extremo; unir con un punto raso a la parte superior del primer p.a. Rematar.

Vuelta 3 Con el color negro (G), rep. la vuelta 2. Rematar.

Diagrama de punto Motivo cuadrado

CLAVE

- • = punto raso   + = punto alto
- ⊙ = cadeneta   ⊥ = punto alto doble

Mantel estrellado

Este decorativo centro de mesa se compone de motivos de estrellas repetidos que crean una pieza hexagonal, en la que los espacios negativos son tan importantes para el efecto de conjunto como las formas positivas. Los motivos se unen a medida que se van tejiendo, lo que conlleva un acabado mínimo.

Nivel de habilidad

EXPERIMENTADO/EXPERTO

En este proyecto aprenderemos

A agregar motivos con formas a medida que se van tejiendo.

Puntos utilizados

Punto alto.
Punto medio alto doble.
Punto alto doble.

Tamaño

Unos 70 cm de diámetro.

Materiales

Anchor Artiste Linen Crochet Thread No. 10, hilo de lino para ganchillo n.º 10, en un color:
    3 ovillos de 50 g en color natural (tono 392)
Aguja de ganchillo de 2,5 mm.

Tensión

Cada motivo mide unos 7 cm de diámetro.

Abreviaturas

Véase página 45.

Para hacer el mantel

El mantel se empieza en el centro a partir de un solo motivo de estrella, y a medida que los motivos se van tejiendo se unen a los motivos ya tejidos. Los diagramas muestran cómo se agregan las estrellas: de dentro a fuera, alrededor del centro en vueltas.

Motivo de estrella central
Anillo base Con una aguja de 2,5 mm, hacer 9 cad. y unirlas con un punto raso a la primera cadeneta para formar un anillo.
Vuelta 1 (LD) 1 cad., 18 p.a. en el anillo, unir con un punto raso a la parte superior del primer p.a.
Nota: No girar en el extremo de las vueltas, continuar con el LD del motivo siempre hacia arriba.
Vuelta 2 *9 cad., 1 p.a. en la 4.ª cad. desde la aguja, 1 p.m.a.d. en cada una de las siguientes 2 cad., 1 p.a.d. en cada una de las siguientes 3 cad., saltar los siguientes 2 p.a. en el anillo, 1 punto raso en el siguiente p.a.: rep. desde * 5 veces más, tejiendo el último punto raso en el mismo p.a. que el punto raso de la vuelta anterior. Rematar.

Diagrama de punto Estrella

CLAVE

- • = punto raso
- ○ = cadeneta
- + = punto alto
- ⊤ = punto medio alto doble
- ⊤ = punto alto doble

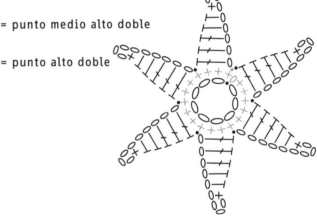

Primera vuelta de motivos
Unir los 6 motivos siguientes al motivo central en una vuelta alrededor del centro, tal como se muestra en los diagramas, como sigue:
Hacer el primero de estos seis motivos exactamente igual que el motivo central, pero uniendo los dos primeros brazos de este motivo al central a medida que se va tejiendo. Para hacer esto, tejer las 9 cad. del primer brazo, retirar con cuidado la aguja del lazo e introducirla a través del lazo de 3 cad. en la punta de un brazo del motivo central, y a continuación pasar el último lazo de las 9 cad. por el lazo de 3 cad. y continuar a lo largo del resto de la cadeneta, tal como se indique. Repetir esto para el siguiente brazo y, a continuación, acabar el motivo de la forma habitual.

Continuar uniendo los motivos en sentido contrario a las agujas del reloj alrededor del motivo central, hacer el segundo motivo uniendo los primeros dos brazos al motivo central como antes, pero uniendo también el tercer brazo al último tejido en el primer motivo, como se muestra en el diagrama.

Repetir hasta agregar seis motivos alrededor del motivo central, uniendo el último brazo del sexto motivo al tercer brazo del primer motivo en esta vuelta de motivos.

Restantes vueltas de motivos

Continuar tejiendo y uniendo los motivos en vueltas alrededor del centro: unir 12 motivos en la vuelta 2, 18 en la 3, 24 en la 4, 30 en la 5 y 36 en la 6 (la última vuelta no se muestra en el diagrama de abajo).

Nota: Asegúrese de unir los brazos de los motivos a los brazos de los motivos adyacentes allí donde se tocan, tal como se muestra en el diagrama.

Para el acabado

Esconder los cabos sueltos.

Primer motivo de la primera vuelta

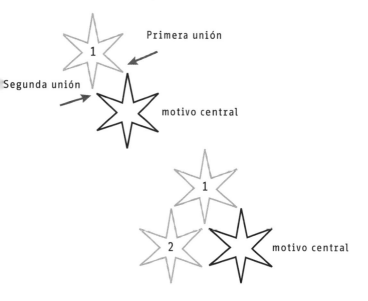

Primera unión

Segunda unión

1

motivo central

1

2

motivo central

Mantel estrellado Colocación de los motivos

Lección magistral

Cómo tejer juntos los motivos

Además de evitar tener que coser juntos incontables motivos, unir cada motivo en los puntos de conexión permite construir la forma de conjunto de la pieza a medida que se va tejiendo.

Hacer el motivo central. Empezar el primer motivo de la primera vuelta, pero uniendo los dos primeros brazos al motivo central a medida que se va tejiendo. Para hacer esto, tejer las 9 cad. del primer brazo, retirar con cuidado la aguja del lazo e introducirla a través del lazo de 3 cad. en la punta de un brazo del motivo central, y a continuación pasar el último lazo de las 9 cad. por el lazo de 3 cad. y continuar a lo largo del resto de la cadeneta, tal como se indique. Repetir esto para el siguiente brazo y, a continuación, acabar el motivo de la forma habitual.

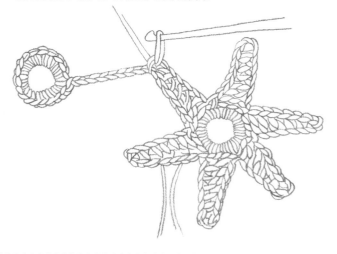

Cárdigan asimétrico

Los orígenes del ganchillo se desconocen, pero una de sus primeras formas fue imitar el encaje, de ahí que se conociera como encaje de ganchillo o encaje de cadeneta. Para este cárdigan, he puesto una selección de motivos de ganchillo bajo el microscopio y los he agrandado con el fin de crear este diseño de encaje sobredimensionado.

Nivel de habilidad

EXPERIMENTADO/EXPERTO

En este proyecto aprenderemos
A unir motivos de formas aleatorias.
A tejer con un hilo de lana supergrueso.

Puntos utilizados
Punto alto; punto medio alto doble; punto alto doble; borlas de punto alto doble; racimos de puntos altos dobles

Tamaño
Talla única
Medidas de la pieza acabada
Ancho de busto: 122 cm.
Ancho de manga: 48 cm.
Largo desde el hombro: 60 cm.
Largo de borde de manga a borde de manga: 112 cm.

Materiales
Erika Knight Maxi Wool, hilo de lana supergrueso, en un color:
 9 madejas de 100 g en color crudo (Flax 002).
Aguja de ganchillo de 10 mm.
Hoja grande de papel patrón de confección.

Tensiones
Motivo en forma de margarita 18,5 cm de diámetro con una aguja de 10 mm.
Motivo en forma de campanilla de Canterbury 12 cm de diámetro con una aguja de 10 mm.
Motivo en forma de rueda 14,5 cm de diámetro con una aguja de 10 mm.
Motivo en forma de flor pequeña 11 cm de diámetro con una aguja de 10 mm.

Abreviaturas
1 punto borla = [e.h.a.a. e introducir la aguja en un p.a., e.h.a.a. y pasar una lazada por el p.a., e.h.a.a. y pasar una lazada por los 2 primeros lazos en la aguja] 5 veces todo en el mismo p.a., e.h.a.a. y pasar una lazada por todos los lazos en la aguja.
2 puntos altos dobles juntos = [e.h.a.a. e introducir la aguja en el siguiente p.a.d., e.h.a.a. y pasar una lazada por el p.a.d., e.h.a.a. y pasar una lazada por los 2 primeros lazos en la aguja] 2 veces, e.h.a.a. y pasar una lazada por los 3 lazos en la aguja.
1 punto racimo (puntos altos cerrados en un mismo punto) = [e.h.a.a. e introducir la aguja en el primer esp. de 1 cad., e.h.a.a. y pasar una lazada por el esp. de 1 cad., e.h.a.a. y pasar una lazada por los 2 primeros lazos en la aguja] 3 veces todo en el mismo esp. de 1 cad., e.h.a.a. y pasar una lazada por los 4 lazos en la aguja.
Véase también página 45.

Nota especial
El cárdigan se compone de un total de 59 motivos, que se tejen por separado y después se cosen juntos para formar el cárdigan.

Para hacer el motivo en forma de margarita (tejer 16)

Anillo base Con una aguja de 10 mm, hacer 8 cad. y unirlas con un punto raso a la primera cadeneta para formar un anillo.

Vuelta 1 (LD) 3 cad. (cuenta como el primer p.a.d.), 1 p.a.d. en el anillo, [6 cad., 3 p.a.d. en el anillo] 4 veces, 6 cad., 1 p.a.d. en el anillo, unir con un punto raso a la parte superior de las 3 cad. al principio de la vuelta.

Nota: No girar en el extremo de las vueltas, sino continuar con el LD del motivo siempre hacia arriba.

Vuelta 2 *1 cad., hacer [1 p.a., 1 p.m.a.d., 7 p.a.d., 1 p.m.a.d., 1 p.a.t.] todos en el siguiente esp. de 6 cad., 1 cad., saltar 1 p.a.d., 1 punto raso en el siguiente p.a.d. (el p.a.d. central del grupo de 3 p.a.d.); rep. desde * 4 veces más, tejiendo el último punto raso en la parte superior de las 3 cad. al principio de la vuelta anterior. Rematar.

Diagrama de punto Motivo en forma de margarita

CLAVE

- • = punto raso
- o = cadeneta
- + = punto alto
- ⊤ = punto medio alto doble
- ⊤ = punto alto doble

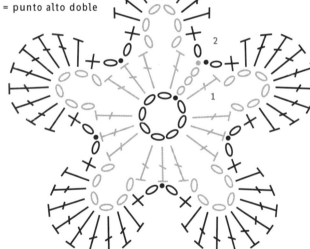

Para hacer el motivo en forma de campanilla de Canterbury (tejer 1)

Anillo base Con una aguja de 10 mm, hacer 6 cad. y unirlas con un punto raso a la primera cadeneta para formar un anillo.

Vuelta 1 (LD) 1 cad., 12 p.a. en el anillo, unir con un punto raso al primer p.a.

Nota: No girar en el extremo de las vueltas, sino continuar con el LD del motivo siempre hacia arriba.

Vuelta 2 3 cad., [e.h.a.a. e introducir la aguja en el mismo p.a. que el último punto raso, e.h.a.a. y pasar una lazada por

el p.a., e.h.a.a. y pasar una lazada por los 2 primeros lazos en la aguja] 4 veces todo en el mismo lugar, e.h.a.a. y pasar una lazada por los 5 lazos en la aguja (cuenta como el primer punto borla), *5 cad., saltar 1 p.a., 1 punto borla (*véase* Abreviaturas) en el siguiente p.a.; rep. desde * 4 veces más, 5 cad., unir con un punto raso a la parte superior del primer punto borla. Rematar.

Diagrama de punto Motivo en forma de campanilla de Canterbury

CLAVE

- • = punto raso
- o = cadeneta
- + = punto alto
- ⊼ = punto borla

Para hacer el motivo en forma de flor pequeña (tejer 18)

Anillo base Con una aguja de 10 mm, hacer 6 cad. y unirlas con un punto raso a la primera cadeneta para formar un anillo.

Vuelta 1 (LD) 1 cad., 15 p.a. en el anillo, unir con un punto raso al primer p.a.

Nota: No girar en el extremo de las vueltas, sino continuar con el LD del motivo siempre hacia arriba.

Vuelta 2 [3 cad., 2 puntos altos dobles juntos en los siguientes 2 p.a., 3 cad., 1 punto raso en el siguiente p.a.] 5 veces, hacer el último punto raso en el primer p.a. de la vuelta anterior. Rematar.

Diagrama de punto Motivo en forma de flor pequeña

CLAVE

- • = punto raso
- o = cadeneta
- + = punto alto
- ⋏ = 2 puntos medio alto doble juntos

Para hacer el motivo en forma de rueda (tejer 13)

Anillo base Con una aguja de 10 mm, hacer 4 cad. y unirlas con un punto raso a la primera cadeneta para formar un anillo.

Vuelta 1 (LD) 4 cad. (cuenta como el primer p.a.d. y como el esp. de 1 cad.), [1 p.a.d., 1 cad.] 11 veces en el anillo, 1 punto raso en la 3.ª cad. de las 4 cad. al principio de la vuelta.

Nota: No girar en el extremo de las vueltas, sino continuar con el LD del motivo siempre hacia arriba.

Vuelta 2 1 punto raso debajo de la siguiente cad. (el primer esp. de 1 cad.), 3 cad., [e.h.a.a. e introducir la aguja a través del esp. de 1 cad., e.h.a.a. y pasar una lazada por el esp. de 1 cad., e.h.a.a. y pasar una lazada por los 2 primeros lazos en la aguja] 2 veces todo en el mismo esp. de 1 cad. que el último punto raso, e.h.a.a. y pasar una lazada por los 3 lazos en la aguja (cuenta como el primer punto racimo), [3 cad., 1 punto racimo (*véase* página 133) en el siguiente esp. de 1 cad.] 11 veces, 3 cad., unir con un punto raso a la parte superior del primer punto racimo. Rematar.

Diagrama de punto Motivo en forma de rueda

CLAVE

- • = punto raso
- o = cadeneta
- ⊤ = punto alto doble
- = puntos racimo (puntos altos cerrados en un mismo punto)

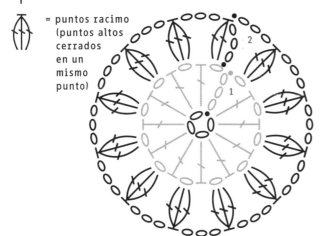

Para el acabado del cárdigan

Esconder los cabos sueltos.

Colocar planos los motivos y plancharlos al vapor por el lado del revés.

Siguiendo las dimensiones del diagrama, dibujar la figura del cárdigan en una hoja de papel patrón de confección. Colocar los motivos con el lado del derecho hacia arriba encima de la figura del papel patrón, como se indica en el diagrama, y tan juntos como sea posible: modélelos en formas que les permitan encajar apretadamente unos con otros tocándose entre ellos.

Sujetar con alfileres los motivos en posición encima del papel patrón.

Coser juntos los motivos con puntos de sobrehilado, dejando todos los motivos sujetos con alfileres encima del papel patrón hasta que haya acabado de coserlos juntos.

No se olvide de dejar una abertura de unos 25,5 cm de largo en el centro para la abertura del cuello y otra desde el cuello hasta el borde inferior en la parte frontal para la abertura del cárdigan.

Quitar los alfileres y coser las costuras laterales, así como las costuras de las mangas con los lados del derecho juntos.

Lección magistral

Cómo ensamblar juntos los motivos

Los motivos son sorprendentemente flexibles cuando se ensamblan juntos para crear una pieza más grande, como esta figura cruciforme que conforma el cárdigan. Trabaje siempre sobre una superficie plana y limpia, como una mesa. No recomiendo hacerlo en el suelo, ya que las moquetas y otros recubrimientos similares pueden crear una superficie irregular. Antes de coserlos juntos, planche al vapor un poco los motivos para realzar el hilo y resaltar las formas individuales. Una vez colocados todos los motivos, encájelos juntos para obtener la figura de conjunto requerida. En cada punto de conexión sobrehíle juntos los motivos. Sin duda deberá hacer algunos ajustes necesarios.

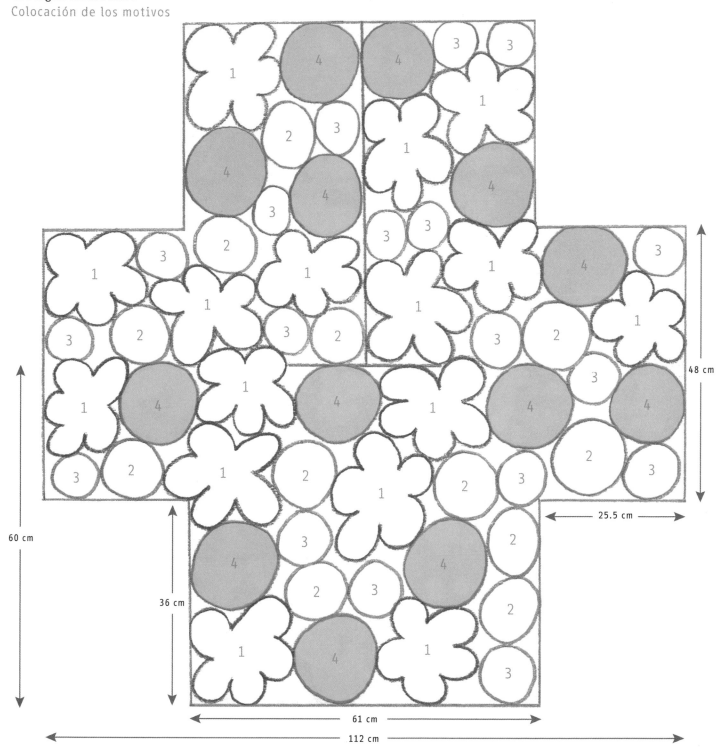

60 cm

36 cm

48 cm

25.5 cm

61 cm

112 cm

CLAVE

1 = motivo en forma de margarita

2 = motivo en forma de campanilla de Canterbury

3 = motivo en forma de flor pequeña

4 = motivo en forma de rueda

Fular ribeteado en punto

Hay un montón de puntos de ganchillo que se utilizan para añadir ribetes decorativos a las prendas. He dado un enfoque fresco a los ribetes tradicionales tejiendo uno de mis puntos bodoque favoritos con un hilo grueso con el fin de crear un largo festón para llevar alrededor

Nivel de habilidad

EXPERIMENTADO/EXPERTO

En este proyecto aprenderemos
A hacer punto bodoque (*véase* lección magistral en la página 141).
A hacer una tira de soporte a lo largo de un ribete.

Puntos utilizados
Punto alto; punto alto doble;
bodoques de punto alto doble.

Tamaño
Unos 10,5 cm de ancho x 190 cm de largo.

Materiales
Erika Knight Vintage Wool, hilo de lana grueso, en un color:
    4 madejas de 50 g en color crudo (Flax 002).
Agujas de ganchillo de 5 y 5,5 mm.

Tensión
Tejer con una tensión exacta no es esencial para este proyecto.

Abreviaturas
1 punto bodoque al principio de la hilera = 3 cad., hacer 6 p.a.d. en el primer esp., quitar el lazo de la aguja e introducir esta última desde el frente hacia la parte superior de las 3 cad., recoger el lazo que ha quedado colgando y pasarlo por la cad., 1 cad. para asegurar el punto bodoque.
1 punto bodoque = hacer 7 p.a.d. en el siguiente esp., quitar el lazo de la aguja e introducir la aguja desde el frente hacia la parte superior del primer p.a.d. de estos 7 p.a.d., recoger el lazo que ha quedado colgando y pasarlo por el p.a.d., 1 cad. para asegurar el punto bodoque.
Véase también página 45.

Para hacer el fular
El ribete se teje en una franja de motivos semicirculares y después se agrega la tira de soporte a lo largo de uno de los bordes.
Ribete
Anillo base Con una aguja de 5,5 mm, hacer 10 cad. y unirlas con un punto raso a la primera cadeneta para formar un anillo.
Hilera 1 (LD) 3 cad. (cuenta como el primer p.a.d.), 14 p.a.d. en el anillo, girar.
Hilera 2 5 cad. (cuenta como 1 p.a.d., 2 cad.), saltar los primeros 2 p.a.d., 1 p.a.d. en el siguiente p.a.d., [2 cad., saltar 1 p.a.d., 1 p.a.d. en el siguiente p.a.d.] 6 veces, tejiendo el último p.a.d. de la última repetición en la 3.ª cad. de las 3 cad. en el extremo de la vuelta, girar.
Hacer puntos bodoque de un extremo a otro de la hilera siguiente, tejiendo el primer punto bodoque tal como se explica en Abreviaturas y los restantes 6 bodoques con 7 p.a.d. de la forma habitual.
Hilera 3 (hilera de puntos bodoque) Hacer 1 punto bodoque al principio de la vuelta, [3 cad., 1 punto bodoque en el siguiente esp. de 2 cad.] 6 veces, hacer el último punto bodoque de la última repetición en el esp. de 5 cad., girar.
Hilera 4 10 cad., saltar los primeros 2 esp., hacer [1 p.a., 5 cad., 1 p.a.] todos en el siguiente espacio de 3 cad., girar.
Hilera 5 3 cad. (cuenta como el primer p.a.d.), 14 p.a.d. en el esp. de 5 cad., girar.
Repetir las hileras 2-5 hasta que la pieza mida 190 cm desde el comienzo, terminando con una 3.ª hilera (de puntos bodoque), pero sin rematar ni girar en el extremo de la última hilera.
Tira
Continuar a lo largo del borde lateral con el LD hacia arriba y tejer la tira como sigue:
Hilera de la tira de soporte 1 3 cad., 1 p.a. en el esp. de 5 cad. formado al principio de la 2.ª hilera del patrón, * 5 cad., 1 p.a. en el esp. de 10 cad. formado al principio de la 4.ª hilera del patrón, 5 cad., 1 p.a. en el esp. de 5 cad. formado al principio de la 2.ª hilera del patrón; rep. desde * hasta el extremo, girar.
Hilera de la tira de soporte 2 1 cad., 1 p.a. en el primer p.a., * 5 p.a. en el siguiente esp. de 5 cad., 1 p.a. en el siguiente p.a.; rep. desde * hasta el extremo, girar.
Cambiar a una aguja de 5 mm.
Hilera de la tira de soporte 3 1 cad., 1 p.a. en el primer p., *3 cad., saltar 1 p., 1 p.a. en el siguiente p.; rep. desde * hasta el extremo. Rematar.

Para el acabado
Esconder los cabos sueltos.
Colocar plano el fular y plancharlo al vapor con mucho cuidado por el lado del revés.

Lección magistral

El patrón de puntos utilizado para este fular incluye puntos bodoque.

Cómo hacer punto bodoque
Los puntos bodoque añaden textura con relieve a superficies planas.

1 Al llegar a la primera hilera de puntos bodoque en el fular (3.ª hilera), empezar tejiendo 3 cadenetas.

2 Hacer 6 puntos altos dobles del primer espacio de 2 cadenetas de la hilera anterior.

3 Quitar el lazo de la aguja con cuidado y dejarlo colgando, introducir la aguja desde el frente hacia atrás en la parte superior de las 3 cad. al principio de la hilera.

4 A continuación, recoger el lazo que ha quedado colgando.

5 Pasar el lazo por la cadeneta.

6 Hacer una cadeneta para asegurar el punto bodoque.

7 Hacer 3 cadenetas y, a continuación, hacer 7 puntos altos dobles en el siguiente espacio. Quitar el lazo de la aguja y dejarlo colgando.

8 Introducir la aguja desde el frente hacia la parte superior del primero de estos 7 puntos altos dobles, recoger el lazo que ha quedado colgando y, a continuación, completar y asegurar el bodoque como antes. Hacer los siguientes bodoques de 7 puntos altos dobles de la hilera de la misma forma.

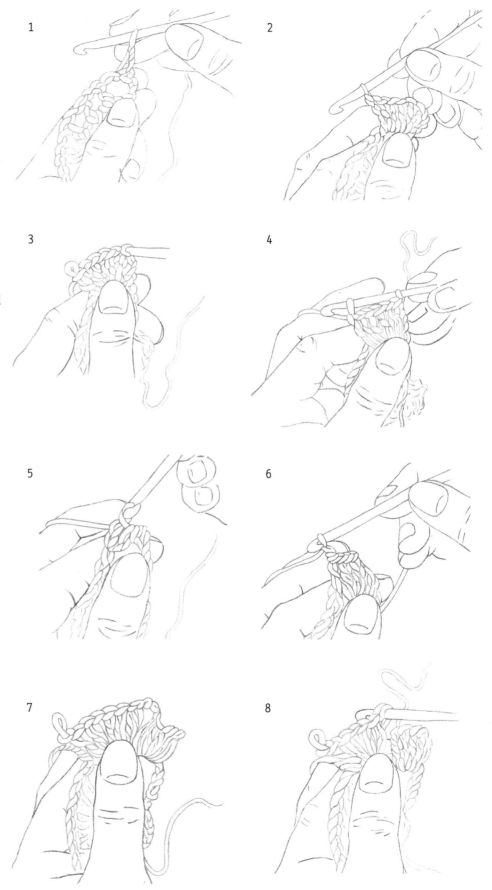

Hilos recomendados

Hay un hilo específico para cada uno de los diseños de la sección Talleres de proyectos de este libro. Si decide utilizar el hilo recomendado, solo tendrá que elegir el color que prefiera. Pero si decide utilizar un hilo diferente del especificado, deberá comparar las tensiones dadas para asegurarse de que el resultado final no difiera.

Hay unos pesos —o grosores— estándar de hilos, adoptados por toda la industria de la hilatura. Los hilos tejidos a mano suelen ir desde los de 4 capas (encaje de bolillos) a los supergruesos en el lado opuesto de la balanza, pasando por los ligeros (ropa deportiva). Dentro de cada una de estas categorías hay un cierto grado de tolerancia, por lo que sigue siendo importante comprobar la tensión de cada hilo con la indicada en el patrón (*véase* Cómo comprobar la tensión, página 41).

Cada uno de los hilos tendrá unas propiedades físicas algo diferentes de los demás y su rendimiento será distinto. Algunos hilos tendrán colores no desteñibles y serán de cuidado fácil, mientras que otros solo se podrán lavar en seco o podrían deteriorarse si no se tratan correctamente. La información sobre uso y mantenimiento de un hilo se proporciona en la etiqueta del ovillo o de la madeja. Siempre la guardo para cada proyecto que realizo y, si regalo una pieza tejida a mano, siempre incluyo la etiqueta para que el que la recibe sepa cómo conservarla. Cuando se invierte tanto tiempo y energía creando una pieza tejida a mano, se debería tener mucho cuidado al lavarla.

La etiqueta del hilo suele indicar, junto con la marca del fabricante y el nombre que ha recibido el hilo específico, la siguiente información:

Tensión y tamaños de agujas recomendados
Puede darse el caso de que un diseñador discrepe con la tensión y el tamaño de agujas recomendadas para un determinado patrón. Si este es el caso, es preferible que se ciña a la recomendación del diseñador.

Peso del hilo
La mayoría de los hilos están disponibles en ovillos de 50 g o de 100 g.

Metraje
Es la longitud aproximada del hilo en el ovillo, y es tan importante tenerla en cuenta como la tensión cuando se plantee sustituir un hilo.

Composición de las fibras
La etiqueta incluye una lista de los materiales con los que está hecho el hilo, tanto si se trata de 100 % pura lana como de una mezcla de fibras, como por ejemplo algodón y seda. Esto afecta no solo al método de mantenimiento de la pieza acabada, sino también a la idoneidad de un hilo para un determinado proyecto.

Números de los tonos y de los lotes de teñido
Cada color de hilo recibe un nombre y/o un número identificativo por parte del fabricante. Cuando se adquiere hilo, el número de lote de teñido es también igualmente importante, si no más, ya que debe ser el mismo en todos los ovillos. Puesto que el hilo se tiñe en lotes, adquirir un hilo con el mismo número de lote de teñido garantiza que no haya variaciones de color entre los ovillos.

Instrucciones de uso y mantenimiento
La etiqueta indica si el hilo se puede lavar a máquina o sólo en seco, y si se puede planchar o no, y en caso afirmativo, a qué temperatura. Esta información se proporciona por lo general en forma de símbolos estándar internacionalmente reconocidos.

Anchor Artiste Linen Crochet Thread No. 10
Hilo de lino fino; 100 % puro lino; 265 m por 50 g;
tamaño de aguja de ganchillo recomendado:
1,5-2 mm.

Erika Knight Maxi Wool
Hilo de lana supergrueso; 100 % pura lana; 80 m por 100 g;
tamaño de aguja de ganchillo recomendado: 12 mm.

Erika Knight Vintage Wool
Hilo de lana grueso; 100 % pura lana; 87 m por 50 g;
tamaño de aguja de ganchillo recomendado: 5-5,5 mm.

Ingrid Wagner Big Knit Yarn
Hilo destorcido que consiste en una tira continua de 2,5 cm de
ancho de tela de lana tejida con motivos (un orillo industrial);
100 % pura lana; 21 m por 500 g; tamaño de aguja de ganchillo
recomendado: 25 mm.

Rowan Baby Alpaca DK
Hilo de alpaca ligero; 100% lana de alpaca bebé; 100 m por 50 g;
tamaño de aguja de ganchillo recomendado: 4 mm.

Rowan Cashsoft 4-Ply
Hilo de mezcla de cachemira y merino superfino; 10 % de
cachemira, 57 % de lana merino extrafina, 33 % de microfibra
acrílica; 160 m por 50 g; tamaño de aguja de ganchillo
recomendado: 3 mm.

Rowan Cotton Glacé
Hilo de algodón fino; 100 % algodón; 115 m por 50 g;
tamaño de aguja de ganchillo recomendado:
3,25-3,75 mm.

Rowan Fine Lace
Hilo de mezcla de alpaca y merino extrafino;
80 % de lana de alpaca bebé suri, 20 % de lana merino fina;
400 m por 50 g; tamaño de aguja de ganchillo recomendado:
2-4 mm.

Rowan Handkit Cotton
Hilo de algodón ligero; 100 % algodón; 85 m por 50 g;
tamaño de aguja de ganchillo recomendado:
4-4,5 mm.

Rowan Lenpur Linen
Hilo de mezcla de lino ligero; 75 % de viscosa,
25 % de lino; 115 m por 50 g; tamaño de aguja de ganchillo
recomendado: 4 mm.

Rowan Lima
Hilo de mezcla de alpaca y merino de peso medio; 84 % de lana
de alpaca, 8 % de lana merino, 8 % de nilón; 100 m por 50 g;
tamaño de aguja de ganchillo recomendado: 5,5 mm.

Rowan Purelife British Sheep Breeds Chunky Undyed
Hilo de lana grueso; 100 % pura lana; 110 m por 100 g;
tamaño de aguja de ganchillo recomendado: 7 mm.

Rowan Savannah
Hilo de mezcla de algodón y seda de peso medio;
94 % de algodón, 6 % de seda; 80 m por 50 g;
tamaño de aguja de ganchillo recomendado:
5 mm.

Yeoman's Cotton Cannele 4-Ply
Hilo de algodón superfino; 100 % algodón mercerizado,
875 m por 245 g; tamaño de aguja de ganchillo recomendado:
2,75 mm.

Plantillas para pantuflas
(*véanse* páginas 92-95)

Almohadilla para la suela
de la parte anterior de
la planta del pie

Almohadilla para la suela del talón

Agradecimientos

Una vez más el espíritu sencillo de los proyectos de este libro no deja traslucir la naturaleza compleja de componer una obra como esta. He tenido el privilegio de trabajar con algunos de los mejores profesionales del mundo en el ámbito editorial y en el arte del ganchillo, expertos de la industria del más alto calibre con extremado criterio, estándares rigurosos, una meticulosa atención a los detalles y, ante todo, una increíble paciencia, por todo lo cual estoy enormemente agradecida y me gustaría expresar mi más sincero reconocimiento por su enorme contribución a esta obra. Este libro no habría podido existir sin ellos.

Al absolutamente maravilloso equipo de Quadrille Publishing; a mi editora y a la directora editorial, Alison Cathie y Jane O'Shea; a la editora del proyecto Lisa Pendreigh (mi más sincero agradecimiento por su profesionalidad, su excepcional paciencia y su apoyo personal), además de a las diseñadoras Claire Peters y Nicola Davidson por su diseño creativo a la vez que riguroso, y a Aysun Hughes por el trabajo tan fabuloso que ha realizado en la producción del libro.

Ha sido verdaderamente emocionante volver a trabajar con la fotógrafa Yuki Sugiura; su sentido natural del estilo ha sido esencial a la hora de transmitir la necesaria sensibilidad de esta obra. Y, por supuesto, gracias a Kim por la ayuda prestada. Mi agradecimiento, asimismo, a nuestra estilista Charis por su diligencia en cuidar todos los detalles, así como a la adorable perrita Panda por servir de bonito modelo en la cesta para mascotas.

Gracias también a mi brillante creadora de proyectos, resolvedora de problemas y amiga personal Sally Lee: le estoy enormemente agradecida por su malgastada, o mejor dicho bien aprovechada, juventud haciendo manualidades, haciendo calceta, cosiendo y haciendo artesanía, todo lo cual ha recibido su merecida recompensa. Y, por supuesto, a Sally Harding, por su inestimable y meticuloso trabajo de verificación de los patrones.

Como mucha gente que me conoce puede atestiguar, me vuelco en todos y cada uno de los detalles hasta la saciedad. La elección del hilo siempre es primordial para mí, pero muy especialmente cuando diseño y propongo proyectos de diseño sencillo. De ahí mi más sincero agradecimiento a los siguientes creadores de hilos excepcionales de rara distinción por su generosidad y su apoyo entusiasta: la prestigiosa marca de hilatura Rowan, Anchor, Ingrid Wagner y Yeoman's Yarns, por producir fibras e hilos atractivos de excelente calidad que seducen y apasionan al espíritu creativo. Espero que sigáis así durante mucho tiempo.

Por último, este libro está dedicado a todas las personas creativas y a todos los practicantes de manualidades y artesanía, y en especial a la nueva generación de artesanos emprendedores que están surgiendo y creciendo tanto en número como en confianza, que continuamente se ilusionan con su pasión por la artesanía, traspasando sus límites con maravillosas muestras de entusiasta, innovación y originalidad.

El futuro es suyo.

Agradecimientos del editor
El editor desea agradecer a las siguientes empresas su amabilidad al prestarnos accesorios y otros artículos:

LAUREN DENNEY
www.laurendenney.com

ERCOL
www.ercol.com